ISO-Toleranztabellen für Nennmaße von 1 bis 500 mm nach DIN EN ISO 286

DIN

Ralph Dominik

ISO-Toleranztabellen für Nennmaße von 1 bis 500 mm nach DIN EN ISO 286

4., überarbeitete Auflage 2020

Herausgeber:
DIN Deutsches Institut für Normung e. V.

Beuth Verlag GmbH · Berlin · Wien · Zürich

Herausgeber: DIN Deutsches Institut für Normung e. V.

© 2020 Beuth Verlag GmbH
Berlin · Wien · Zürich
Saatwinkler Damm 42/43
13627 Berlin

Telefon: +49 30 2601-0
Telefax: +49 30 2601-1260
Internet: www.beuth.de
E-Mail: kundenservice@beuth.de

Titelbild: © ctpaul, Benutzung unter Lizenz von shutterstock.com
Satz: B & B Fachübersetzergesellschaft mbH, Berlin
Druck: Druckerei Hachenburg PMS GmbH, Hachenburg

Gedruckt auf säurefreiem, alterungsbeständigem Papier nach DIN EN ISO 9706

ISBN 978-3-410-29786-4
ISBN (E-Book) 978-3-410-29787-1

Vorwort

Eine wichtige Voraussetzung für eine wirtschaftliche Serienfertigung ist die Austauschbarkeit einzelner Baugruppen und einzelner Teile, die sich ohne Nacharbeit mit anderen Teilen funktionsgerecht fügen lassen müssen. Da es unmöglich ist, Werkstücke mit absoluter Maßgenauigkeit herzustellen, kann die Austauschbarkeit nur durch die Einhaltung vorgegebener Toleranzen sichergestellt werden.

Die internationale Weiterentwicklung des ISA-Toleranz- und Passungssystems nach ISA-Bulletin 25 führte 1988 zu den von der International Organization for Standardization (ISO) herausgegebenen Normen ISO 286-1 und ISO 286-2, die in nahezu allen Industrieländern als Nationale Normen eingeführt worden sind.

Die Neuausgaben der beiden Normen vom November 2010 enthalten einige Änderungen und Erweiterungen für einige Zahlenwerte der Grenzabmaße, die auch in dieses Tabellenwerk übernommen worden sind. Durch das verantwortliche Technische Komitee ISO/TC 213 wurde 2011 ein Corrigendum herausgegeben, das in der vorliegenden Ausgabe mit eingearbeitet wurde, nachdem die Nationalen Normen DIN EN ISO 286-1 und -2 durch DIN neu herausgegeben wurden.

Die Auswahl an Toleranzen und Abmaßen ist nach wie vor sehr groß; für einen einzelnen Industriebetrieb mit einem begrenzten Produktspektrum zu groß, um eine geeignete Auswahl zu treffen.

Diese Neuausgabe des Tabellenwerks ist die Fortsetzung der bewährten Kurzfassung von „ISO-Toleranztabellen für Nennmaße von 1 bis 500 mm nach DIN EN ISO 286“ des verstorbenen Vorautors H. P. Grode (†), die auf seinen Vorlagen beruht, und somit sein Werk mit den nach den Neuausgaben der Normen DIN EN ISO 286-1 und -2 erforderlichen Anpassungen fortführt.

Dieses Tabellenwerk ist auf Maße bis 500 mm beschränkt und ist für den täglichen Gebrauch sowohl im Konstruktionsbüro als auch in der Werkstatt geeignet.

1 Grundlagen des ISO-Toleranz- und Passungssystems

Das ISO-Toleranz- und Passungssystem ist durch folgende Merkmale gekennzeichnet:

a) Grundabmaße begrenzen den Abstand der Toleranz zum Nennmaß und werden durch einen Kennbuchstaben ausgedrückt. Zusammen bilden sie das Toleranzkurzzeichen, z.B. H7. Für Bohrungen sind Großbuchstaben, für Wellen Kleinbuchstaben gewählt worden. Bohrungen bzw. Wellen mit dem gleichen Buchstaben haben innerhalb eines Nennmaßbereiches für alle IT-Klassen den gleichen nächstliegenden Abstand zum Nennmaß.

   Ausnahmen: js bzw. JS. Diese Toleranzzonen sind symmetrisch zum Nennmaß angeordnet (siehe Bild 1).

b) Das Nennmaß ist die Begrenzung für die Toleranzzonen der Einheitsbohrungen und Einheitswellen.

c) Die Systeme Einheitsbohrungen und Einheitswellen sind gleichmäßig aufgebaut (siehe Bild 1).

d) Die Toleranzen wachsen mit dem Nennmaß.

e) Die Abmaße ergeben in Verbindung mit den Nennmaßen die Grenzmaße der Werkstücke, zwischen denen die Istmaße liegen müssen.

f) Die Nennmaße sind in Nennmaßbereiche unterteilt, damit Grundtoleranzen und Grundabmaße nicht für jedes einzelne Nennmaß berechnet werden müssen (siehe Tabelle 1).

g) Das Passungssystem behandelt die verschiedenen Passungsarten (Spiel-, Übergangs- und Übermaßpassungen).

h) Die Referenztemperatur 20 °C nach ISO 1 (DIN EN ISO 1:2016-12) gilt sowohl für Werkstücke als auch für Prüfmittel (Messgeräte und Lehren).

i) Das Passungssystem gilt für den Durchmesser von Zylindern, die üblicherweise als Wellen und Bohrungen bezeichnet werden. Die Toleranzen nach ISO 286-1 und -2 sind jedoch auch auf den Abstand zwischen zwei parallelen gegenüberliegenden Ebenen anwendbar (und können z.B. bei Nuten eingesetzt werden).

ANMERKUNG Im Folgenden wird der Begriff Bohrung synonym für jegliche Art von Löchern verwendet, unabhängig vom Herstellungsverfahren; die Anwendung des Passungssystems ist nicht auf gebohrte Löcher beschränkt.

Tabelle 1: Werte der Grundtoleranzgrade IT für Nennmaße bis 500 mm

Nennmaß-bereich mm		Grundtoleranzgrade																			
		IT 01	IT 0	IT 1	IT 2	IT 3	IT 4	IT 5	IT 6	IT 7	IT 8	IT 9	IT 10	IT 11	IT 12	IT 13	IT 14	IT 15	IT 16	IT 17	IT 18
über	bis einschließlich	Grundtoleranzen																			
		µm													mm						
–	3	0,3	0,5	0,8	1,2	2	3	4	6	10	14	25	40	60	0,1	0,14	0,25	0,4	0,6	1	1,4
3	6	0,4	0,6	1	1,5	2,5	4	5	8	12	18	30	48	75	0,12	0,18	0,3	0,48	0,75	1,2	1,8
6	10	0,4	0,6	1	1,5	2,5	4	6	9	15	22	36	58	90	0,15	0,22	0,36	0,58	0,9	1,5	2,2
10	18	0,5	0,8	1,2	2	3	5	8	11	18	27	43	70	110	0,18	0,27	0,43	0,7	1,1	1,8	2,7
18	30	0,6	1	1,5	2,5	4	6	9	13	21	33	52	84	130	0,21	0,33	0,52	0,84	1,3	2,1	3,3
30	50	0,6	1	1,5	2,5	4	7	11	16	25	39	62	100	160	0,25	0,39	0,62	1	1,6	2,5	3,9
50	80	0,8	1,2	2	3	5	8	13	19	30	46	74	120	190	0,3	0,46	0,74	1,2	1,9	3	4,6
80	120	1	1,5	2,5	4	6	10	15	22	35	54	87	140	220	0,35	0,54	0,87	1,4	2,2	3,5	5,4
120	180	1,2	2	3,5	5	8	12	18	25	40	63	100	160	250	0,4	0,63	1	1,6	2,5	4	6,3
180	250	2	3	4,5	7	10	14	20	29	46	72	115	185	290	0,46	0,72	1,15	1,85	2,9	4,6	7,2
250	315	2,5	4	6	8	12	16	23	32	52	81	130	210	320	0,52	0,81	1,3	2,1	3,2	5,2	8,1
315	400	3	5	7	9	13	18	25	36	57	89	140	230	360	0,57	0,89	1,4	2,3	3,6	5,7	8,9
400	500	4	6	8	10	15	20	27	40	63	97	155	250	400	0,63	0,97	1,55	2,5	4	6,3	9,7

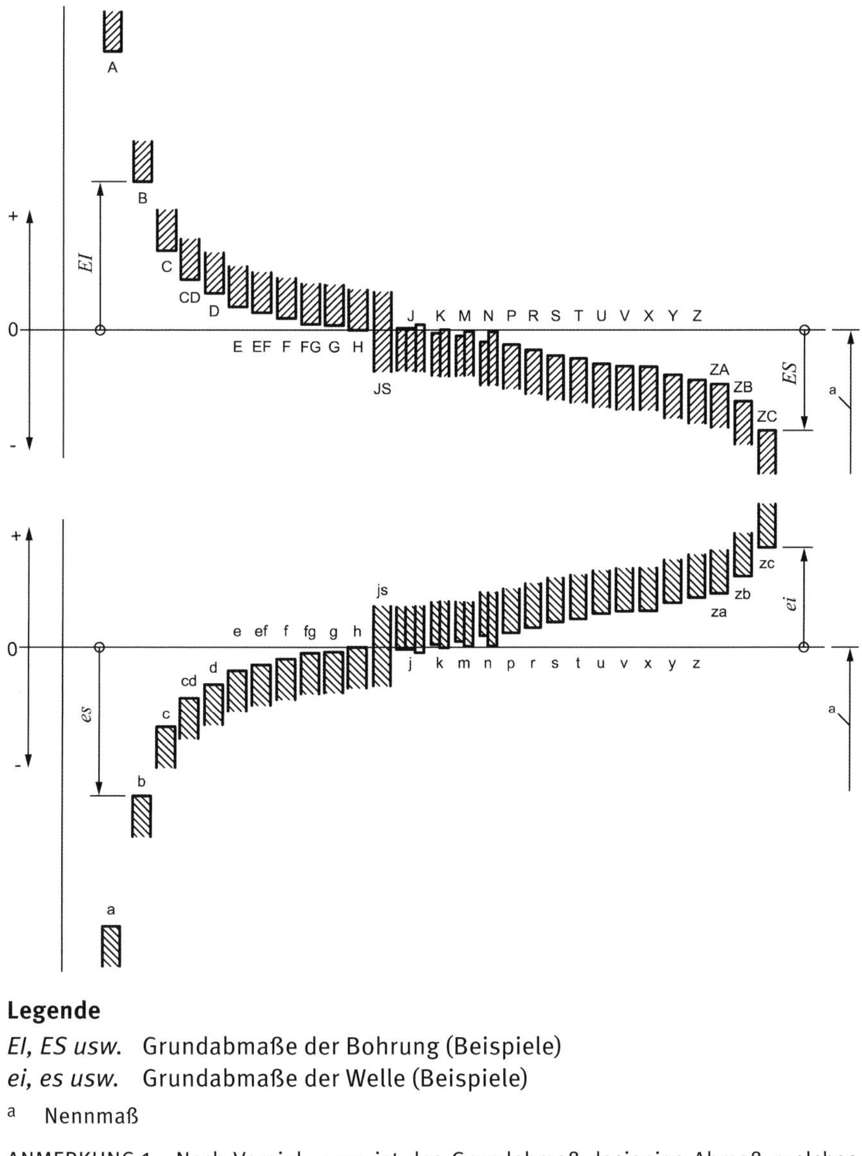

Legende

EI, ES usw. Grundabmaße der Bohrung (Beispiele)

ei, es usw. Grundabmaße der Welle (Beispiele)

[a] Nennmaß

ANMERKUNG 1 Nach Vereinbarung ist das Grundabmaß dasjenige Abmaß, welches das dem Nennmaß am nächsten gelegene Grenzmaß festlegt.

ANMERKUNG 2 Für Einzelheiten bezüglich der Grundabmaße für J/j, K/k, M/m und N/n siehe Bilder 8 und 9.

Bild 1: Schematische Darstellung der Lage der Toleranzzone (Grundabmaß) bezüglich des Nennmaßes

2 Bedingungen für die Angabe von Toleranzen

In folgenden Fällen sind in Zeichnungen oder zugehörigen Fertigungsunterlagen die Nennmaße mit Toleranzangaben durch ISO-Kurzzeichen oder Grenzabmaße zu versehen:

a) Wenn die Funktion oder Wirtschaftlichkeit der Herstellung des Werkstücks die Einhaltung von Grenzmaßen erfordert.

b) Wenn die Teile für eine Passung bestimmt sind. In diesem Fall muss nach DIN EN ISO 14405-1 die Toleranzangabe durch das Symbol Ⓔ ergänzt werden. Dieses Symbol bedeutet, dass Formabweichungen (Rundheits- und Geradheitsabweichungen) zylindrischer Geometrieelemente innerhalb der Maßtoleranzen liegen müssen.

c) Wenn die Teile getrennt voneinander gefertigt und ohne Nacharbeit gefügt werden sollen.

d) Wenn die Teile austauschbar sein müssen (z. B. Ersatzteile).

e) Wenn in der Fertigung die Aufnahme der Teile in Spannzeugen eine Tolerierung erfordert.

In anderen Fällen genügen Allgemeintoleranzen. Allgemeintoleranzen sollten so groß gewählt werden, wie es der Verwendungszweck des Werkstücks und die Austauschbarkeit gerade noch zulassen, um die Fertigungskosten niedrig zu halten. Die Größe der Toleranz, also der Toleranzgrad, ist maßgeblich für die Auswahl des Fertigungsverfahrens und der Fertigungsmaschine.

Erfahrungsgemäß können Fertigungsverfahren – oder dem vorgesehenen Einsatzweck – entsprechende IT-Toleranzgrade zugeordnet werden. Die Angaben in der folgenden Tabelle dienen der ersten Orientierung.

Fertigungsverfahren/Einsatzzweck	**IT-Toleranzgrade**
Bohren mit Wendelbohrer	IT10 bis IT13
Drehen, Fräsen, Hobeln	IT6 bis IT10
Schleifen	IT4 bis IT8
Räumen, Ziehen	IT7
Herstellung von Messgeräten und Lehren	IT01 bis IT4
Passungen	IT4 bis IT11
Werkzeugmaschinenbau	IT4 bis IT10
allgemeiner Maschinenbau	IT5 bis IT12

3 Die wichtigsten Grundbegriffe zum Verständnis des ISO-Toleranz- und Passungssystems nach DIN EN ISO 286-1 und -2

Zum Verständnis des vorliegenden Tabellenwerks sind einige Begriffe, die in DIN EN ISO 286-1 und -2 eingeführt wurden, hier wiedergegeben. Die ausgewählten Begriffsdefinitionen wurden aus DIN EN ISO 286-1:2019-09 unverändert übernommen. Zum besseren Verständnis wurden gegebenenfalls Anmerkungen modifiziert oder gestrichen, da sie nicht in den Kontext dieses Tabellenwerks passen. Es wurden nur solche Definitionen übernommen, die auch für den Anwender dieses Tabellenwerks relevant sind, um so dem Gedanken einer Kurzfassung der Norm Rechnung zu tragen. Für weiterführende Erläuterungen und Definitionen wird auf das Gesamtregelwerk des ISO-GPS-Systems verwiesen.

Geometrieelement

geometrische Gestalt, die durch ein Längen- oder Winkelmaß als Größenmaß definiert ist

ANMERKUNG 1 Geometrieelemente können Zylinder, Kugel oder zwei parallele gegenüberliegende Flächen sein.

ANMERKUNG 2 In früheren Ausgaben Internationaler Normen wie ISO 286-1 und ISO/TR 1938 werden die Begriffe „glattes Werkstück“ und „Einzel-Geometrieelement“ in etwa gleicher Bedeutung wie „Geometrieelement“ benutzt.

ANMERKUNG 3 Für die Zwecke von DIN EN ISO 286 gelten nur Geometrieelemente der Arten Zylinder und zwei parallele gegenüberliegende Flächen, definiert durch ein Längenmaß.

Größenmaß

lineares Maß eines Durchmessers, eines Abstands zweier paralleler Ebenen oder eines Winkels

vollständiges Nenn-Geometrieelement

theoretisch genaues, vollständiges Geometrieelement, das durch eine technische Zeichnung oder andere Mittel definiert ist

ANMERKUNG Insbesondere Wellen und Bohrungen werden als Größenmaße angegeben, da sie, als geometrischer Körper betrachtet, Zylinder sind.

Bohrung

inneres Geometrieelement eines Werkstückes, einschließlich nicht-zylindrischer innerer Geometrieelemente

ANMERKUNG In DIN EN ISO 286 wird der Begriff Bohrung synonym für jegliche Art von Löchern verwendet, unabhängig vom Herstellungsverfahren; die Anwendung des Passungssystems ist nicht auf gebohrte Löcher beschränkt.

Einheitsbohrung

Bohrung, die als Grundlage für das Passungssystem Einheitsbohrung gewählt wurde

ANMERKUNG Für den Zweck des ISO-Toleranz- und Passungssystems ist eine Einheitsbohrung eine Bohrung, welche das untere Grenzabmaß null hat.

Welle

äußeres Geometrieelement eines Werkstückes, einschließlich nicht-zylindrischer äußerer Geometrieelemente

Einheitswelle

Welle, die als Grundlage für das Passungssystem Einheitswelle gewählt wurde

ANMERKUNG Für den Zweck des ISO-Toleranz- und Passungssystems ist eine Einheitswelle eine Welle, welche das obere Grenzabmaß null hat.

Nennmaß

Maß eines Geometrieelementes perfekter Form wie durch die Spezifikation der Zeichnung festgelegt

ANMERKUNG 1 Das Nennmaß wird verwendet, um die Lage der Grenzmaße mittels Anwendung der oberen und unteren Grenzabmaße zu bestimmen.

ANMERKUNG 2 Früher wurde dieser Begriff „Nennmaß“ genannt.

Istmaß

Maß des zugeordneten vollständigen Geometrieelements

ANMERKUNG 1 „Zugeordnetes vollständiges Geometrieelement“ ist in ISO 14660-1:1999, 2.6 definiert.

ANMERKUNG 2 Das Istmaß wird durch eine Messung ermittelt.

Grenzmaß

kleinstes und größtes zulässiges Maß eines Geometrieelementes

ANMERKUNG Um eine Anforderung zu erfüllen, muss das Istmaß zwischen den kleinsten und größten Grenzmaßen liegen; die Grenzmaße selbst sind eingeschlossen.

Höchstmaß (en: upper limit of size)

ULS

größtes zulässiges Maß eines Geometrieelementes

Mindestmaß (en: lower limit of size)

LLS

kleinstes zulässiges Maß eines Geometrieelementes

Abmaß

Wert minus seines tatsächlichen Bezugswertes

ANMERKUNG Der Bezugswert für das Abmaß ist das Nennmaß und der Wert ist das Istmaß.

Grenzabmaß

oberes oder unteres Grenzabmaß vom Nennmaß

oberes Grenzabmaß

ES (für innere Geometrieelemente, Bohrungen)
es (für äußere Geometrieelemente Wellen, Zylinder)

Höchstmaß minus Nennmaß

ANMERKUNG Das obere Grenzabmaß ist ein vorzeichenbehafteter Wert und kann negativ, null oder positiv sein.

unteres Grenzabmaß

EI (für innere Geometrieelemente, Bohrungen)
ei (für äußere Geometrieelemente Wellen, Zylinder)

Mindestmaß minus Nennmaß

Siehe Bild 1.

ANMERKUNG Das untere Grenzabmaß ist ein vorzeichenbehafteter Wert und kann negativ, null oder positiv sein.

Grundabmaß

Grenzabmaß, das die Lage des Toleranzfeldes in Bezug zum Nennmaß festlegt

ANMERKUNG 1 Das Grundabmaß ist jenes Grenzabmaß, welches das dem Nennmaß am nächsten liegende Grenzmaß definiert (siehe Bild 1 und 4.1.2.5).

ANMERKUNG 2 Das Grundabmaß wird mit einem Buchstaben gekennzeichnet (z. B. B, d).

Toleranz

Differenz zwischen Höchstmaß und Mindestmaß

ANMERKUNG 1 Die Toleranz ist ein Absolutwert ohne Vorzeichen.

ANMERKUNG 2 Die Toleranz ist auch der Unterschied zwischen oberem Grenzabmaß und unterem Grenzabmaß.

Toleranzgrenze

vorgegebene Merkmalswerte, die die untere und/oder obere Grenze für den zulässigen Wert darstellen

Grundtoleranz
IT

jede Toleranz, die zum ISO-System für Toleranzen von Längenmaßen gehört

ANMERKUNG Die Buchstaben des Symbols „IT“ stehen für „International Tolerance“.

Grundtoleranzgrad

Gruppe von Toleranzen für Längenmaße, die durch einen gemeinsamen Identifizierer gekennzeichnet sind

ANMERKUNG 1 Im ISO-Toleranzsystem für Längenmaße besteht der Grundtoleranzgrad-Identifizierer aus IT plus der Gradnummer (z. B. IT7).

ANMERKUNG 2 Ein bestimmter Toleranzgrad entspricht dabei dem gleichen Genauigkeitsniveau für alle Nennmaße.

Toleranzzone

variable Werte des Größenmaßes zwischen Toleranzgrenzen, diese eingeschlossen

ANMERKUNG 1 Der früher in Verbindung mit Längenbemaßung (nach ISO 286-1:1988) verwendete Begriff „Toleranzfeld“ wurde in Toleranzzone geändert, da sich eine Zone auf einen Bereich auf einer Skala bezieht, wohingegen sich ein Toleranzfeld in GPS auf den Bereich eines Raumes oder einer Fläche bezieht, z. B. Tolerierung nach ISO 1101.

ANMERKUNG 2 Für die Anwendung von ISO 286 reicht die Zone vom Mindestmaß bis zum Höchstmaß, festgelegt durch die Größe der Toleranz und deren Lage relativ zum Nennmaß (siehe Bild 1).

ANMERKUNG 3 Die Toleranzzone schließt nicht notwendigerweise das Nennmaß mit ein (siehe Bild 1). Toleranzgrenzen können zweiseitig (Werte auf beiden Seiten des Nennmaßes) oder einseitig (beide Werte auf einer Seite des Nennmaßes) sein. Der Fall, bei dem eine Toleranzgrenze auf einer Seite liegt, während der andere Grenzwert null ist, ist ein besonderer Fall einer einseitigen Angabe.

Toleranzklasse

Kombination eines Grundabmaßes und eines Grundtoleranzgrades

ANMERKUNG Im ISO-Toleranzsystem für Längenmaße besteht die Toleranzklasse aus dem Grundabmaß-Identifizierer plus der Toleranzgradnummer (z. B. D13, h9 usw.).

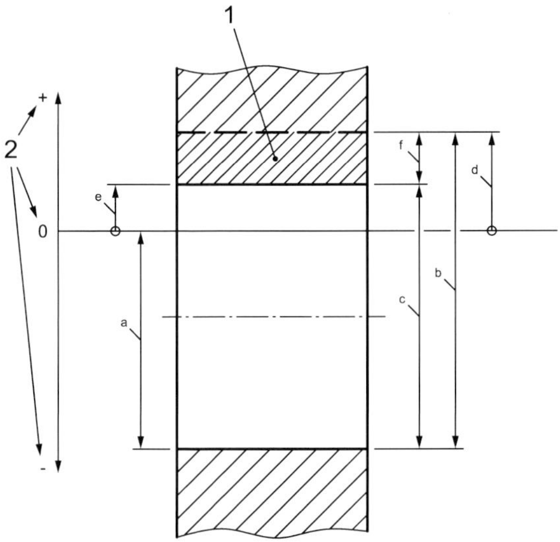

Legende

1 Toleranzzone
2 Vorzeichen für Abmaße
a Nennmaß
b Höchstmaß
c Mindestmaß
d oberes Grenzabmaß
e unteres Grenzabmaß (hier auch Grundabmaß)
f Toleranz

ANMERKUNG Die horizontal durchgezogene Linie, die die Toleranzzone begrenzt, stellt das Grundabmaß für eine Bohrung dar. Die gestrichelte Linie, die die Toleranzzone begrenzt, stellt das Grenzabmaß für eine Bohrung dar.

Bild 2: Veranschaulichung der Definitionen am Beispiel einer Bohrung

Begriffe zu Passungen

Spiel

Differenz zwischen den Maßen der Bohrung und der Welle, wenn der Durchmesser der Welle kleiner ist als der Durchmesser der Bohrung

ANMERKUNG In der Berechnung eines Spieles sind die erhaltenen Werte positiv (siehe B.2).

Mindestspiel

<bei einer Spielpassung> Differenz zwischen dem Mindestmaß der Bohrung und dem Höchstmaß der Welle

Siehe Bild 3.

Höchstspiel

<bei einer Spiel- oder Übergangspassung> Differenz zwischen dem Höchstmaß der Bohrung und dem Mindestmaß der Welle

Siehe Bilder 3 und 5.

Übermaß

Differenz zwischen den Maßen der Bohrung und der Welle vor dem Fügen, wenn der Durchmesser der Welle größer ist als der Durchmesser der Bohrung

ANMERKUNG Bei der Berechnung eines Übermaßes werden negative Werte erhalten.

Mindestübermaß

<bei einer Übermaßpassung> Differenz zwischen dem Höchstmaß der Bohrung und dem Mindestmaß der Welle

Siehe Bild 4.

Höchstübermaß

<bei einer Übermaß- oder Übergangspassung> Differenz zwischen dem Mindestmaß der Bohrung und dem Höchstmaß der Welle

Siehe Bilder 4 und 5.

Passung

Zusammenhang zwischen einem äußeren und einem inneren Geometrieelement (Bohrung und Welle der gleichen Art), die zusammengefügt werden

Spielpassung

Passung, bei der beim Zusammenbau von Bohrung und Welle immer ein Spiel entsteht, d. h. das Mindestmaß der Bohrung ist größer als oder im Grenzfall gleich dem Höchstmaß der Welle

Siehe Bild 3.

Übermaßpassung (früher: Presspassung)

Passung, bei der beim Zusammenbau von Bohrung und Welle immer ein Übermaß entsteht, d. h. das Höchstmaß der Bohrung ist kleiner als oder im Grenzfall gleich dem Mindestmaß der Welle

Siehe Bild 4.

Übergangspassung

Passung, bei der beim Zusammenbau von Bohrung und Welle entweder ein Spiel oder ein Übermaß entsteht

Siehe Bild 5.

ANMERKUNG In einer Übergangspassung überdecken sich die Toleranzzonen der Bohrung und der Welle vollständig oder teilweise. Deshalb hängt es von den Istmaßen der Bohrung und der Welle ab, ob sich ein Spiel oder ein Übermaß ergibt.

Passungssystem Einheitsbohrung

Passungen, bei denen das Grundabmaß der Bohrung null ist, d. h. das untere Grenzabmaß ist null

Siehe Bild 5.

ANMERKUNG Ein Passungssystem, in dem das Mindestmaß der Bohrung gleich dem Nennmaß ist. Die geforderten Spiele oder Übermaße werden erhalten durch Kombination von Wellen verschiedener Toleranzklassen mit Einheitsbohrungen einer Toleranzklasse mit einem Grundabmaß von null.

Passungssystem Einheitswelle

Passungen, bei denen das Grundabmaß der Welle null ist, d. h. das obere Grenzabmaß ist null

Siehe Bild 6.

ANMERKUNG Ein Passungssystem, in dem das Höchstmaß der Welle gleich dem Nennmaß ist. Die geforderten Spiele oder Übermaße werden erhalten durch Kombination von Bohrungen verschiedener Toleranzklassen mit Einheitswellen einer Toleranzklasse mit einem Grundabmaß von null.

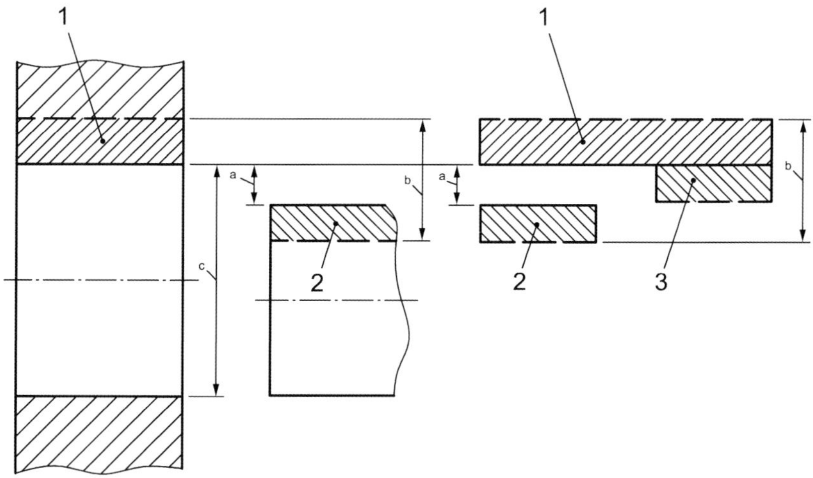

a) detailliert **b) vereinfacht**

Legende

1 Toleranzzone der Bohrung

2 Toleranzzone der Welle, Fall 1: Das Höchstmaß der Welle ist kleiner als das Mindestmaß der Bohrung. Das Mindestspiel ist in diesem Fall größer als null.

3 Toleranzzone der Welle, Fall 2: Das Höchstmaß der Welle ist mit dem Mindestmaß der Bohrung identisch. Das Mindestspiel ist in diesem Fall null.

[a] Mindestspiel

[b] Höchstspiel

[c] Nennmaß = Mindestmaß der Bohrung

ANMERKUNG Die horizontalen durchgezogenen Linien, die die Toleranzzonen begrenzen, stellen die Grundabmaße dar. Die gestrichelten Linien, die die Toleranzzonen begrenzen, stellen die anderen Grenzabmaße dar.

Bild 3: Veranschaulichung der Definitionen einer Spielpassung (Nennmodell)

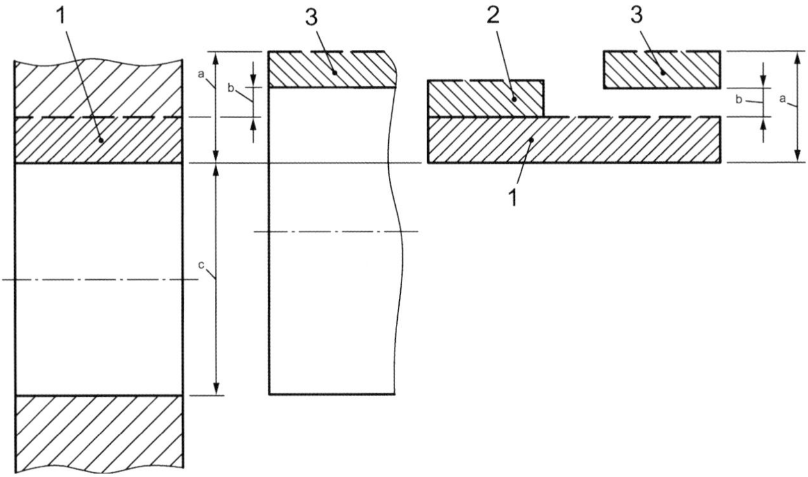

a) detailliert **b) vereinfacht**

Legende

1 Toleranzzone der Bohrung

2 Toleranzzone der Welle, Fall 1: Das Mindestmaß der Welle ist mit dem Höchstmaß der Bohrung identisch. Das Mindestübermaß ist in diesem Fall null.

3 Toleranzzone der Welle, Fall 2: Das Mindestmaß der Welle ist größer als das Höchstmaß der Bohrung. Das Mindestübermaß ist in diesem Fall größer als null.

a Höchstübermaß

b Mindestübermaß

c Nennmaß = Mindestmaß der Bohrung

ANMERKUNG Die horizontalen durchgezogenen Linien, die die Toleranzzonen begrenzen, stellen die Grundabmaße dar. Die gestrichelten Linien, die die Toleranzzonen begrenzen, stellen die anderen Grenzabmaße dar.

Bild 4: Veranschaulichung der Definitionen einer Übermaßpassung (Nennmodell)

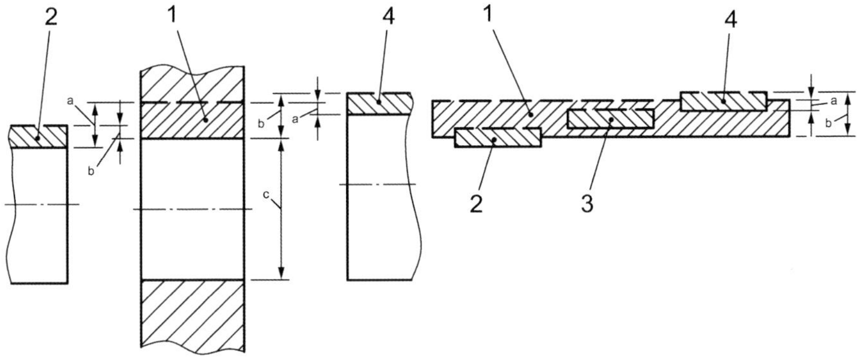

a) detailliert b) vereinfacht

Legende

1 Toleranzzone der Bohrung

2–4 Toleranzzone der Welle (einige mögliche Lagen sind dargestellt)

a Höchstspiel

b Höchstübermaß

c Nennmaß = Mindestmaß der Bohrung

Bild 5: Veranschaulichung der Definitionen einer Übergangspassung (Nennmodell)

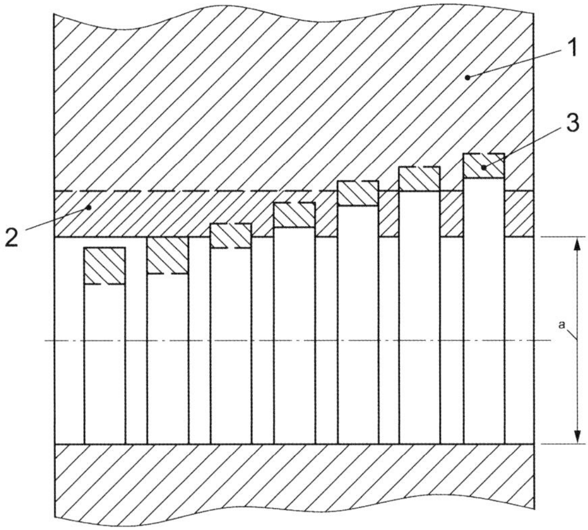

Legende

1 Einheitsbohrung „H“

2 Toleranzzone der Einheitsbohrung

3 Toleranzzone verschiedener Wellen

[a] Nennmaß

ANMERKUNG 1 Die horizontalen durchgezogenen Linien, die die Toleranzzonen begrenzen, stellen die Grundabmaße für die Einheitsbohrung und die verschiedenen Wellen dar.

ANMERKUNG 2 Die Strichlinien, die die Toleranzzonen begrenzen, stellen die jeweils anderen Grenzabmaße dar.

ANMERKUNG 3 Das Bild zeigt die Möglichkeit von Kombinationen aus einer Einheitsbohrung und verschiedenen Wellen in Abhängigkeit von ihren Grundtoleranzgraden.

ANMERKUNG 4 Mögliche Beispiele für Passungen von Einheitsbohrungen sind: H7/h6, H6/k5, H6/p4.

Bild 6: Passungssystem Einheitsbohrung

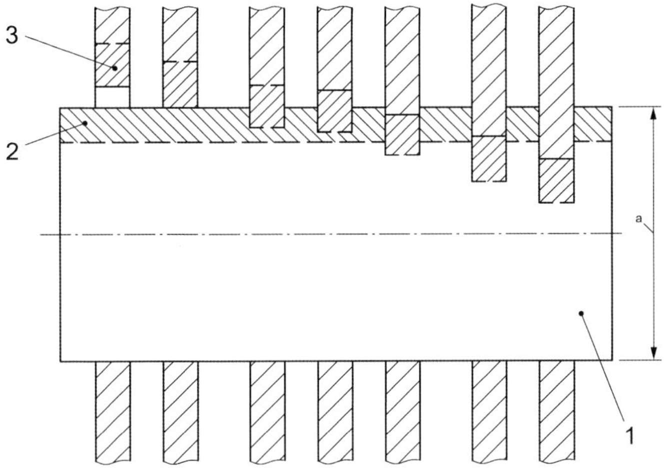

Legende

1 Einheitswelle „h“

2 Toleranzzone der Einheitswelle

3 Toleranzzone verschiedener Bohrungen

[a] Nennmaß

ANMERKUNG 1 Die horizontalen durchgezogenen Linien, die die Toleranzzonen begrenzen, stellen die Grundabmaße für eine Einheitswelle und verschiedene Bohrungen dar.

ANMERKUNG 2 Die Strichlinien, die die Toleranzzonen begrenzen, stellen die jeweils anderen Grenzabmaße dar.

ANMERKUNG 3 Das Bild zeigt die Möglichkeit von Kombinationen aus einer Einheitswelle und verschiedenen Bohrungen in Abhängigkeit von ihren Grundtoleranzgraden.

ANMERKUNG 4 Mögliche Beispiele für Passungen von Einheitswellen sind: h6/G7, h6/H6, h6/M6.

Bild 7: Passungssystem Einheitswelle

4 Anwendung der Passungssysteme Einheitsbohrung und Einheitswelle

Zuerst muss entschieden werden, ob das „Passungssystem Einheitsbohrung“ (Bohrung H) oder das „Passungssystem Einheitswelle“ (Welle h) zu wählen ist. Hierbei gibt es keine technischen Unterschiede bezüglich der Funktion der Teile. Die Auswahl des Passungssystems beruht auf wirtschaftlichen Gesichtspunkten bzw. den Herstellkosten für das Erzeugnis.

Faktoren sind zum Beispiel die Fertigungseinrichtungen, die zu fertigende Stückzahl und das vorteilhafteste Fertigungsverfahren.

Das „**Passungssystem Einheitsbohrung**“ ist vor allem geeignet für die Fertigung verschiedenartiger Teile in **kleineren Stückzahlen**, also z. B. im Werkzeugmaschinenbau und Großmaschinenbau. Diese Auswahl vermeidet eine unnötige Vielzahl von Werkzeugen (z. B. Reibahlen) und Lehren.

Das „**Passungssystem Einheitswelle**“ bietet sich bei der Herstellung gleichartiger Teile in **großen Stückzahlen**, z. B. in der Feinmechanik und Elektroindustrie, aber auch im allgemeinen Maschinenbau an.

Basierend auf der getroffenen Entscheidung sollten die Toleranzgrade und Grundabmaße (Lage der Toleranzzone) für Bohrungen und Wellen so gewählt werden, dass sich die entsprechenden kleinsten oder größten Spiele oder Übermaße ergeben, welche die geforderten Bedingungen für ihre Verwendung am besten erfüllen.

Für die üblichen ingenieurtechnischen Zwecke ist jedoch nur eine kleine Anzahl aus den vielen möglichen Passungen erforderlich. Die Bilder 8 und 9 zeigen Passungen, die eine Vielzahl der Anforderungen eines typischen ingenieurtechnischen Betriebs erfüllen. Aus wirtschaftlichen Gründen sollte die erste Wahl für eine Passung allerdings, falls möglich, aus denjenigen Toleranzklassen erfolgen, deren Kennungen in den Umrahmungen dargestellt sind.

Einheitsbohrung	Toleranzklassen für Wellen																
	Spielpassungen							Übergangspassungen			Übermaßpassungen						
H 6						g5	h5	js5	k5	m5	n5	p5					
H 7					f6	**g6**	**h6**	**js6**	**k6**	m6	**n6**	**p6**	**r6**	**s6**	t6	u6	x6
H 8				e7	**f7**		**h7**	js7	k7	m7				s7		u7	
			d8	**e8**	f8		h8										
H 9			d8	**e8**	f8		h8										
H10	b9	c9	d9	e9			h9										
H 11	**b11**	**c11**	d10				h10										

Bild 8: Bevorzugte Passungen des Passungssystems Einheitsbohrung

Einheitswelle	Toleranzklassen für Bohrungen																	
	Spielpassungen							Übergangspassungen				Übermaßpassungen						
h 5						G6	H6	JS6	K6	M6		N6	P6					
h 6					F7	**G7**	**H7**	**JS7**	**K7**	M7	**N7**		**P7**	**R7**	**S7**	T7	U7	X7
h 7				E8	**F8**		**H8**											
h 8			D9	E9	**F9**		H9											
h 9				E8	**F8**		**H8**											
			D9	**E9**	F9		**H9**											
	B11	C10	**D10**				H10											

Bild 9: Bevorzugte Passungen des Passungssystems Einheitswelle

5 Angabe und Interpretation von Toleranzen und Passungen

Die Toleranzklasse wird durch eine Kombination aus einem oder mehreren Großbuchstaben für Bohrungen bzw. Kleinbuchstaben für Wellen, welche das Grundabmaß festlegen, und einer Kennziffer, welche den Grundtoleranzgrad festlegt, gekennzeichnet.

BEISPIEL H7 (Bohrungen), h7 (Wellen).

Ein Maß und seine Toleranz werden durch das Nennmaß mit einer daran anschließenden Kennzeichnung der geforderten Toleranzklasse oder durch das Nennmaß mit daran anschließenden positiven oder negativen Grenzabmaßen (siehe ISO 14405-1) angegeben.

In den folgenden Beispielen sind die angegebenen Grenzabmaße gleichwertig zu den angegebenen Toleranzklassen.

BEIPIEL 1

ISO 286		**ISO 14405-1**
32 H7	entspricht	$32^{+0,025}_{0}$
80 js15	entspricht	$80 \pm 0,6$
100 g6 Ⓔ	entspricht	$100^{-0,012}_{-0,034}$ Ⓔ

ANMERKUNG Wenn die aus einer Toleranzklasse bestimmte Tolerierung mit + oder – hinzugefügt wird, darf die Toleranzklasse in Klammern hinzugefügt werden, um zusätzliche Informationen zur Verfügung zu stellen, und umgekehrt.

BEISPIEL 2 32 H7 $\left(^{+0,025}_{0}\right)$ $32^{+0,025}_{0}$ (H7).

Diese Angaben sind wie folgt zu interpretieren:

a) für Bohrungen

Der Durchmesser des größten vollkommenen imaginären Zylinders, welcher der Bohrung derart einbeschrieben werden kann, dass er gerade die höchsten Punkte der Oberfläche berührt, sollte nicht kleiner sein als die Maximummaterialgrenze des Maßes.

Der größte Durchmesser an irgendeiner Stelle der Bohrung darf die Minimummaterialgrenze des Maßes nicht überschreiten.

b) für Wellen

Der Durchmesser des kleinsten vollkommenen imaginären Zylinders, welcher der Welle derart umschrieben werden kann, dass er gerade die höchsten Punkte der Oberfläche berührt, sollte nicht größer sein als die Maximummaterialgrenze des Maßes.

Der kleinste Durchmesser an irgendeiner Stelle der Welle darf nicht kleiner als die Minimummaterialgrenze des Maßes sein.

Diese Interpretation bedeutet, dass, wenn ein Geometrieelement überall an seiner Maximummaterialgrenze liegt, das Geometrieelement vollkommen rund und gerade sein sollte, d. h. ein vollkommener Zylinder.

Diese Interpretation ist nur gültig, wenn die Hüllbedingung nach ISO 14405-1 (Symbol Ⓔ) zusätzlich zum Maß und der Toleranz auf der Zeichnung eingetragen ist.

Die Default-Definition für ein toleriertes Längenmaß ist nach ISO 14405-1 das lokale Maß zwischen zwei gegenüberliegenden Punkten. Daher muss die Toleranzangabe nach ISO 14405-1 durch ein entsprechendes Modifikationssymbol für das Passmaß ergänzt werden, z. B. die Hüllbedingung.

BEISPIEL ∅ 30 H6 Ⓔ.

Abmaße
für
Innenmaße (Bohrungen)

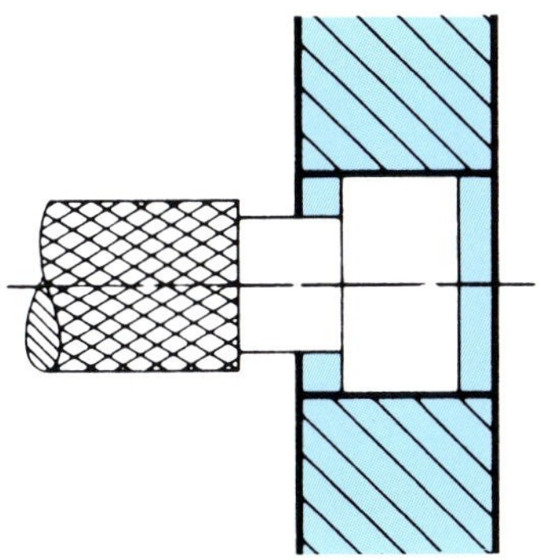

Tabelle 2 Abmaße in µm

Kurzzeichen	A					B					
Nennmaßbereich in mm	9	10	11	12	13	8	9	10	11	12	13
bis 3	+ 295 + 270	+ 310 + 270	+ 330 + 270	+ 370 + 270	+ 410 + 270	+ 154 + 140	+ 165 + 140	+ 180 + 140	+ 200 + 140	+ 240 + 140	+ 280 + 140
über 3 bis 6	+ 300 + 270	+ 318 + 270	+ 345 + 270	+ 390 + 270	+ 450 + 270	+ 158 + 140	+ 170 + 140	+ 188 + 140	+ 215 + 140	+ 260 + 140	+ 320 + 140
über 6 bis 10	+ 316 + 280	+ 338 + 280	+ 370 + 280	+ 430 + 280	+ 500 + 280	+ 172 + 150	+ 186 + 150	+ 208 + 150	+ 240 + 150	+ 300 + 150	+ 370 + 150
über 10 bis 18	+ 333 + 290	+ 360 + 290	+ 400 + 290	+ 470 + 290	+ 560 + 290	+ 177 + 150	+ 193 + 150	+ 220 + 150	+ 260 + 150	+ 330 + 150	+ 420 + 150
über 18 bis 30	+ 352 + 300	+ 384 + 300	+ 430 + 300	+ 510 + 300	+ 630 + 300	+ 193 + 160	+ 212 + 160	+ 244 + 160	+ 290 + 160	+ 370 + 160	+ 490 + 160
über 30 bis 40	+ 372 + 310	+ 410 + 310	+ 470 + 310	+ 560 + 310	+ 700 + 310	+ 209 + 170	+ 232 + 170	+ 270 + 170	+ 330 + 170	+ 420 + 170	+ 560 + 170
über 40 bis 50	+ 382 + 320	+ 420 + 320	+ 480 + 320	+ 570 + 320	+ 710 + 320	+ 219 + 180	+ 242 + 180	+ 280 + 180	+ 340 + 180	+ 430 + 180	+ 570 + 180
über 50 bis 65	+ 414 + 340	+ 460 + 340	+ 530 + 340	+ 640 + 340	+ 800 + 340	+ 236 + 190	+ 264 + 190	+ 310 + 190	+ 380 + 190	+ 490 + 190	+ 650 + 190
über 65 bis 80	+ 434 + 360	+ 480 + 360	+ 550 + 360	+ 660 + 360	+ 820 + 360	+ 246 + 200	+ 274 + 200	+ 320 + 200	+ 390 + 200	+ 500 + 200	+ 660 + 200
über 80 bis 100	+ 467 + 380	+ 520 + 380	+ 600 + 380	+ 730 + 380	+ 920 + 380	+ 274 + 220	+ 307 + 220	+ 360 + 220	+ 440 + 220	+ 570 + 220	+ 760 + 220
über 100 bis 120	+ 497 + 410	+ 550 + 410	+ 630 + 410	+ 760 + 410	+ 950 + 410	+ 294 + 240	+ 327 + 240	+ 380 + 240	+ 460 + 240	+ 590 + 240	+ 780 + 240
über 120 bis 140	+ 560 + 460	+ 620 + 460	+ 710 + 460	+ 860 + 460	+ 1090 + 460	+ 323 + 260	+ 360 + 260	+ 420 + 260	+ 510 + 260	+ 660 + 260	+ 890 + 260
über 140 bis 160	+ 620 + 520	+ 680 + 520	+ 770 + 520	+ 920 + 520	+ 1150 + 520	+ 343 + 280	+ 380 + 280	+ 440 + 280	+ 530 + 280	+ 680 + 280	+ 910 + 280
über 160 bis 180	+ 680 + 580	+ 740 + 580	+ 830 + 580	+ 980 + 580	+ 1210 + 580	+ 373 + 310	+ 410 + 310	+ 470 + 310	+ 560 + 310	+ 710 + 310	+ 940 + 310
über 180 bis 200	+ 775 + 660	+ 845 + 660	+ 950 + 660	+ 1120 + 660	+ 1380 + 660	+ 412 + 340	+ 455 + 340	+ 525 + 340	+ 630 + 340	+ 800 + 340	+ 1060 + 340
über 200 bis 225	+ 855 + 740	+ 925 + 740	+ 1030 + 740	+ 1200 + 740	+ 1460 + 740	+ 452 + 380	+ 495 + 380	+ 565 + 380	+ 670 + 380	+ 840 + 380	+ 1100 + 380
über 225 bis 250	+ 935 + 820	+ 1005 + 820	+ 1110 + 820	+ 1280 + 820	+ 1540 + 820	+ 492 + 420	+ 535 + 420	+ 605 + 420	+ 710 + 420	+ 880 + 420	+ 1140 + 420
über 250 bis 280	+ 1050 + 920	+ 1130 + 920	+ 1240 + 920	+ 1440 + 920	+ 1730 + 920	+ 561 + 480	+ 610 + 480	+ 690 + 480	+ 800 + 480	+ 1000 + 480	+ 1290 + 480
über 280 bis 315	+ 1180 + 1050	+ 1260 + 1050	+ 1370 + 1050	+ 1570 + 1050	+ 1860 + 1050	+ 621 + 540	+ 670 + 540	+ 750 + 540	+ 860 + 540	+ 1060 + 540	+ 1350 + 540
über 315 bis 355	+ 1340 + 1200	+ 1430 + 1200	+ 1560 + 1200	+ 1770 + 1200	+ 2000 + 1200	+ 689 + 600	+ 740 + 600	+ 830 + 600	+ 960 + 600	+ 1170 + 600	+ 1490 + 600
über 355 bis 400	+ 1490 + 1350	+ 1580 + 1350	+ 1710 + 1350	+ 1920 + 1350	+ 2240 + 1350	+ 769 + 680	+ 820 + 680	+ 910 + 680	+ 1040 + 680	+ 1250 + 680	+ 1570 + 680
über 400 bis 450	+ 1655 + 1500	+ 1750 + 1500	+ 1900 + 1500	+ 2130 + 1500	+ 2470 + 1500	+ 857 + 760	+ 915 + 760	+ 1010 + 760	+ 1160 + 760	+ 1390 + 760	+ 1730 + 760
über 450 bis 500	+ 1805 + 1650	+ 1900 + 1650	+ 2050 + 1650	+ 2280 + 1650	+ 2620 + 1650	+ 937 + 840	+ 995 + 840	+ 1090 + 840	+ 1240 + 840	+ 1470 + 840	+ 1810 + 840

Kurzzeichen	C				CD				
	8	9	10	11	6	7	8	9	10
Nennmaßbereich in mm									
bis 3	+ 74 + 60	+ 85 + 60	+ 100 + 60	+ 120 + 60	+ 40 + 34	+ 44 + 34	+ 48 + 34	+ 59 + 34	+ 74 + 34
über 3 bis 6	+ 88 + 70	+ 100 + 70	+ 118 + 70	+ 145 + 70	+ 54 + 46	+ 58 + 46	+ 64 + 46	+ 76 + 46	+ 94 + 46
über 6 bis 10	+ 102 + 80	+ 116 + 80	+ 138 + 80	+ 170 + 80	+ 65 + 56	+ 71 + 56	+ 78 + 56	+ 92 + 56	+ 114 + 56
über 10 bis 18	+ 122 + 95	+ 138 + 95	+ 165 + 95	+ 205 + 95	–	–	–	–	–
über 18 bis 30	+ 143 + 110	+ 162 + 110	+ 194 + 110	+ 240 + 110	–	–	–	–	–
über 30 bis 40	+ 159 + 120	+ 182 + 120	+ 220 + 120	+ 280 + 120	–	–	–	–	–
über 40 bis 50	+ 169 + 130	+ 192 + 130	+ 230 + 130	+ 290 + 130	–	–	–	–	–
über 50 bis 65	+ 186 + 140	+ 214 + 140	+ 260 + 140	+ 330 + 140	–	–	–	–	–
über 65 bis 80	+ 196 + 150	+ 224 + 150	+ 270 + 150	+ 340 + 150	–	–	–	–	–
über 80 bis 100	+ 224 + 170	+ 257 + 170	+ 310 + 170	+ 390 + 170	–	–	–	–	–
über 100 bis 120	+ 234 + 180	+ 267 + 180	+ 320 + 180	+ 400 + 180	–	–	–	–	–
über 120 bis 140	+ 263 + 200	+ 300 + 200	+ 360 + 200	+ 450 + 200	–	–	–	–	–
über 140 bis 160	+ 273 + 210	+ 310 + 210	+ 370 + 210	+ 460 + 210	–	–	–	–	–
über 160 bis 180	+ 293 + 230	+ 330 + 230	+ 390 + 230	+ 480 + 230	–	–	–	–	–
über 180 bis 200	+ 312 + 240	+ 355 + 240	+ 425 + 240	+ 530 + 240	–	–	–	–	–
über 200 bis 225	+ 332 + 260	+ 375 + 260	+ 445 + 260	+ 550 + 260	–	–	–	–	–
über 225 bis 250	+ 352 + 280	+ 395 + 280	+ 465 + 280	+ 570 + 280	–	–	–	–	–
über 250 bis 280	+ 381 + 300	+ 430 + 300	+ 510 + 300	+ 620 + 300	–	–	–	–	–
über 280 bis 315	+ 411 + 330	+ 460 + 330	+ 540 + 330	+ 650 + 330	–	–	–	–	–
über 315 bis 355	+ 449 + 360	+ 500 + 360	+ 590 + 360	+ 720 + 360	–	–	–	–	–
über 355 bis 400	+ 489 + 400	+ 540 + 400	+ 630 + 400	+ 760 + 400	–	–	–	–	–
über 400 bis 450	+ 537 + 440	+ 595 + 440	+ 690 + 440	+ 840 + 440	–	–	–	–	–
über 450 bis 500	+ 577 + 480	+ 635 + 480	+ 730 + 480	+ 880 + 480	–	–	–	–	–

Abmaße in µm

Kurzzeichen (Nennmaßbereich in mm)	D 6	D 7	D 8	D 9	D 10	D 11	D 12	D 13
bis 3	+ 26 + 20	+ 30 + 20	+ 34 + 20	+ 45 + 20	+ 60 + 20	+ 80 + 20	+ 120 + 20	+ 160 + 20
über 3 bis 6	+ 38 + 30	+ 42 + 30	+ 48 + 30	+ 60 + 30	+ 78 + 30	+ 105 + 30	+ 150 + 30	+ 210 + 30
über 6 bis 10	+ 49 + 40	+ 55 + 40	+ 62 + 40	+ 76 + 40	+ 98 + 40	+ 130 + 40	+ 190 + 40	+ 260 + 40
über 10 bis 18	+ 61 + 50	+ 68 + 50	+ 77 + 50	+ 93 + 50	+ 120 + 50	+ 160 + 50	+ 230 + 50	+ 320 + 50
über 18 bis 30	+ 78 + 65	+ 86 + 65	+ 98 + 65	+ 117 + 65	+ 149 + 65	+ 195 + 65	+ 275 + 65	+ 395 + 65
über 30 bis 50	+ 96 + 80	+ 105 + 80	+ 119 + 80	+ 142 + 80	+ 180 + 80	+ 240 + 80	+ 330 + 80	+ 470 + 80
über 50 bis 80	+ 119 + 100	+ 130 + 100	+ 146 + 100	+ 174 + 100	+ 220 + 100	+ 290 + 100	+ 400 + 100	+ 560 + 100
über 80 bis 120	+ 142 + 120	+ 155 + 120	+ 174 + 120	+ 207 + 120	+ 260 + 120	+ 340 + 120	+ 470 + 120	+ 660 + 120
über 120 bis 180	+ 170 + 145	+ 185 + 145	+ 208 + 145	+ 245 + 145	+ 305 + 145	+ 395 + 145	+ 545 + 145	+ 775 + 145
über 180 bis 250	+ 199 + 170	+ 216 + 170	+ 242 + 170	+ 285 + 170	+ 355 + 170	+ 460 + 170	+ 630 + 170	+ 890 + 170
über 250 bis 315	+ 222 + 190	+ 242 + 190	+ 271 + 190	+ 320 + 190	+ 400 + 190	+ 510 + 190	+ 710 + 190	+ 1000 + 190
über 315 bis 400	+ 246 + 210	+ 267 + 210	+ 299 + 210	+ 350 + 210	+ 440 + 210	+ 570 + 210	+ 780 + 210	+ 1100 + 210
über 400 bis 500	+ 270 + 230	+ 293 + 230	+ 327 + 230	+ 385 + 230	+ 480 + 230	+ 630 + 230	+ 860 + 230	+ 1200 + 230

Kurzzeichen (Nennmaßbereich in mm)	E 5	E 6	E 7	E 8	E 9	E 10	EF 3	EF 5	EF 6	EF 7	EF 8	EF 9
bis 3	+ 18 + 14	+ 20 + 14	+ 24 + 14	+ 28 + 14	+ 39 + 14	+ 54 + 14	+ 12 + 10	+ 14 + 10	+ 16 + 10	+ 20 + 10	+ 24 + 10	+ 35 + 10
über 3 bis 6	+ 25 + 20	+ 28 + 20	+ 32 + 20	+ 38 + 20	+ 50 + 20	+ 68 + 20	+ 16,5 + 14	+ 19 + 14	+ 22 + 14	+ 26 + 14	+ 32 + 14	+ 44 + 14
über 6 bis 10	+ 31 + 25	+ 34 + 25	+ 40 + 25	+ 47 + 25	+ 61 + 25	+ 83 + 25	+ 20,5 + 18	+ 24 + 18	+ 27 + 18	+ 33 + 18	+ 40 + 18	+ 54 + 18
über 10 bis 18	+ 40 + 32	+ 43 + 32	+ 50 + 32	+ 59 + 32	+ 75 + 32	+ 102 + 32	–	–	–	–	–	–
über 18 bis 30	+ 49 + 40	+ 53 + 40	+ 61 + 40	+ 73 + 40	+ 92 + 40	+ 124 + 40	–	–	–	–	–	–
über 30 bis 50	+ 61 + 50	+ 66 + 50	+ 75 + 50	+ 89 + 50	+ 112 + 50	+ 150 + 50	–	–	–	–	–	–
über 50 bis 80	+ 73 + 60	+ 79 + 60	+ 90 + 60	+ 106 + 60	+ 134 + 60	+ 180 + 60	–	–	–	–	–	–
über 80 bis 120	+ 87 + 72	+ 94 + 72	+ 107 + 72	+ 125 + 72	+ 159 + 72	+ 212 + 72	–	–	–	–	–	–
über 120 bis 180	+ 103 + 85	+ 110 + 85	+ 125 + 85	+ 148 + 85	+ 185 + 85	+ 245 + 85	–	–	–	–	–	–
über 180 bis 250	+ 120 + 100	+ 129 + 100	+ 146 + 100	+ 172 + 100	+ 215 + 100	+ 285 + 100	–	–	–	–	–	–
über 250 bis 315	+ 133 + 110	+ 142 + 110	+ 162 + 110	+ 191 + 110	+ 240 + 110	+ 320 + 110	–	–	–	–	–	–
über 315 bis 400	+ 150 + 125	+ 161 + 125	+ 182 + 125	+ 214 + 125	+ 265 + 125	+ 355 + 125	–	–	–	–	–	–
über 400 bis 500	+ 162 + 135	+ 175 + 135	+ 198 + 135	+ 232 + 135	+ 290 + 135	+ 385 + 135	–	–	–	–	–	–

Nennmaßbereich in mm							
über 3 bis 6	+ 12,5 + 10	+ 15 + 10	+ 18 + 10	+ 22 + 10	+ 28 + 10	+ 40 + 10	+ 58 + 10
über 6 bis 10	+ 15,5 + 13	+ 19 + 13	+ 22 + 13	+ 28 + 13	+ 35 + 13	+ 49 + 13	+ 71 + 13
über 10 bis 18	+ 19 + 16	+ 24 + 16	+ 27 + 16	+ 34 + 16	+ 43 + 16	+ 59 + 16	+ 86 + 16
über 18 bis 30	+ 24 + 20	+ 29 + 20	+ 33 + 20	+ 41 + 20	+ 53 + 20	+ 72 + 20	+ 104 + 20
über 30 bis 50	+ 29 + 25	+ 36 + 25	+ 41 + 25	+ 50 + 25	+ 64 + 25	+ 87 + 25	+ 125 + 25
über 50 bis 80	–	+ 43 + 30	+ 49 + 30	+ 60 + 30	+ 76 + 30	+ 104 + 30	–
über 80 bis 120	–	+ 51 + 36	+ 58 + 36	+ 71 + 36	+ 90 + 36	+ 123 + 36	–
über 120 bis 180	–	+ 61 + 43	+ 68 + 43	+ 83 + 43	+ 106 + 43	+ 143 + 43	–
über 180 bis 250	–	+ 70 + 50	+ 79 + 50	+ 96 + 50	+ 122 + 50	+ 165 + 50	–
über 250 bis 315	–	+ 79 + 56	+ 88 + 56	+ 108 + 56	+ 137 + 56	+ 186 + 56	–
über 315 bis 400	–	+ 87 + 62	+ 98 + 62	+ 119 + 62	+ 151 + 62	+ 202 + 62	–
über 400 bis 500	–	+ 95 + 68	+ 108 + 68	+ 131 + 68	+ 165 + 68	+ 223 + 68	–

Kurzzeichen	FG						G					
	3	4	5	6	7	8	3	4	5	6	7	8
Nennmaßbereich in mm bis 3	+ 6 + 4	+ 7 + 4	+ 8 + 4	+ 10 + 4	+ 14 + 4	+ 18 + 4	+ 4 + 2	+ 5 + 2	+ 6 + 2	+ 8 + 2	+ 12 + 2	+ 16 + 2
über 3 bis 6	+ 8,5 + 6	+ 10 + 6	+ 11 + 6	+ 14 + 6	+ 18 + 6	+ 24 + 6	+ 6,5 + 4	+ 8 + 4	+ 9 + 4	+ 12 + 4	+ 16 + 4	+ 22 + 4
über 6 bis 10	+ 10,5 + 8	+ 12 + 8	+ 14 + 8	+ 17 + 8	+ 23 + 8	+ 30 + 8	+ 7,5 + 5	+ 9 + 5	+ 11 + 5	+ 14 + 5	+ 20 + 5	+ 27 + 5
über 10 bis 18	–	–	–	–	–	–	+ 9 + 6	+ 11 + 6	+ 14 + 6	+ 17 + 6	+ 24 + 6	+ 33 + 6
über 18 bis 30	–	–	–	–	–	–	+ 11 + 7	+ 13 + 7	+ 16 + 7	+ 20 + 7	+ 28 + 7	+ 40 + 7
über 30 bis 50	–	–	–	–	–	–	+ 13 + 9	+ 16 + 9	+ 20 + 9	+ 25 + 9	+ 34 + 9	+ 48 + 9
über 50 bis 80	–	–	–	–	–	–	–	–	+ 23 + 10	+ 29 + 10	+ 40 + 10	+ 56 + 10
über 80 bis 120	–	–	–	–	–	–	–	–	+ 27 + 12	+ 34 + 12	+ 47 + 12	+ 66 + 12
über 120 bis 180	–	–	–	–	–	–	–	–	+ 32 + 14	+ 39 + 14	+ 54 + 14	+ 77 + 14
über 180 bis 250	–	–	–	–	–	–	–	–	+ 35 + 15	+ 44 + 15	+ 61 + 15	+ 87 + 15
über 250 bis 315	–	–	–	–	–	–	–	–	+ 40 + 17	+ 49 + 17	+ 69 + 17	+ 98 + 17
über 315 bis 400	–	–	–	–	–	–	–	–	+ 43 + 18	+ 54 + 18	+ 75 + 18	+ 107 + 18
über 400 bis 500	–	–	–	–	–	–	–	–	+ 47 + 20	+ 60 + 20	+ 83 + 20	+ 117 + 20

Abmaße in µm

Kurzzeichen	H 1	2	3	4	5	6	7	8	9
Nennmaßbereich in mm: bis 3	+ 0,8 0	+ 1,2 0	+ 2 0	+ 3 0	+ 4 0	+ 6 0	+ 10 0	+ 14 0	+ 25 0
über 3 bis 6	+ 1 0	+ 1,5 0	+ 2,5 0	+ 4 0	+ 5 0	+ 8 0	+ 12 0	+ 18 0	+ 30 0
über 6 bis 10	+ 1 0	+ 1,5 0	+ 2,5 0	+ 4 0	+ 6 0	+ 9 0	+ 15 0	+ 22 0	+ 36 0
über 10 bis 18	+ 1,2 0	+ 2 0	+ 3 0	+ 5 0	+ 8 0	+ 11 0	+ 18 0	+ 27 0	+ 43 0
über 18 bis 30	+ 1,5 0	+ 2,5 0	+ 4 0	+ 6 0	+ 9 0	+ 13 0	+ 21 0	+ 33 0	+ 52 0
über 30 bis 50	+ 1,5 0	+ 2,5 0	+ 4 0	+ 7 0	+ 11 0	+ 16 0	+ 25 0	+ 39 0	+ 62 0
über 50 bis 80	+ 2 0	+ 3 0	+ 5 0	+ 8 0	+ 13 0	+ 19 0	+ 30 0	+ 46 0	+ 74 0
über 80 bis 120	+ 2,5 0	+ 4 0	+ 6 0	+ 10 0	+ 15 0	+ 22 0	+ 35 0	+ 54 0	+ 87 0
über 120 bis 180	+ 3,5 0	+ 5 0	+ 8 0	+ 12 0	+ 18 0	+ 25 0	+ 40 0	+ 63 0	+ 100 0
über 180 bis 250	+ 4,5 0	+ 7 0	+ 10 0	+ 14 0	+ 20 0	+ 29 0	+ 46 0	+ 72 0	+ 115 0
über 250 bis 315	+ 6 0	+ 8 0	+ 12 0	+ 16 0	+ 23 0	+ 32 0	+ 52 0	+ 81 0	+ 130 0
über 315 bis 400	+ 7 0	+ 9 0	+ 13 0	+ 18 0	+ 25 0	+ 36 0	+ 57 0	+ 89 0	+ 140 0
über 400 bis 500	+ 8 0	+ 10 0	+ 15 0	+ 20 0	+ 27 0	+ 40 0	+ 63 0	+ 97 0	+ 155 0

Kurzzeichen	H 10	11	12	13	14	15	16	17	18
Nennmaßbereich in mm: bis 3	+ 40 0	+ 60 0	+ 100 0	+ 140 0	+ 250 0	+ 400 0	+ 600 0	–	–
über 3 bis 6	+ 48 0	+ 75 0	+ 120 0	+ 180 0	+ 300 0	+ 480 0	+ 750 0	+ 1200 0	+ 1800 0
über 6 bis 10	+ 58 0	+ 90 0	+ 150 0	+ 220 0	+ 360 0	+ 580 0	+ 900 0	+ 1500 0	+ 2200 0
über 10 bis 18	+ 70 0	+ 110 0	+ 180 0	+ 270 0	+ 430 0	+ 700 0	+ 1100 0	+ 1800 0	+ 2700 0
über 18 bis 30	+ 84 0	+ 130 0	+ 210 0	+ 330 0	+ 520 0	+ 840 0	+ 1300 0	+ 2100 0	+ 3300 0
über 30 bis 50	+ 100 0	+ 160 0	+ 250 0	+ 390 0	+ 620 0	+ 1000 0	+ 1600 0	+ 2500 0	+ 3900 0
über 50 bis 80	+ 120 0	+ 190 0	+ 300 0	+ 460 0	+ 740 0	+ 1200 0	+ 1900 0	+ 3000 0	+ 4600 0
über 80 bis 120	+ 140 0	+ 220 0	+ 350 0	+ 540 0	+ 870 0	+ 1400 0	+ 2200 0	+ 3500 0	+ 5400 0
über 120 bis 180	+ 160 0	+ 250 0	+ 400 0	+ 630 0	+ 1000 0	+ 1600 0	+ 2500 0	+ 4000 0	+ 6300 0
über 180 bis 250	+ 185 0	+ 290 0	+ 460 0	+ 720 0	+ 1150 0	+ 1850 0	+ 2900 0	+ 4600 0	+ 7200 0
über 250 bis 315	+ 210 0	+ 320 0	+ 520 0	+ 810 0	+ 1300 0	+ 2100 0	+ 3200 0	+ 5200 0	+ 8100 0
über 315 bis 400	+ 230 0	+ 360 0	+ 570 0	+ 890 0	+ 1400 0	+ 2300 0	+ 3600 0	+ 5700 0	+ 8900 0
über 400 bis 500	+ 250 0	+ 400 0	+ 630 0	+ 970 0	+ 1550 0	+ 2500 0	+ 4000 0	+ 6300 0	+ 9700 0

Abmaße in µm

Kurzzeichen	J			JS							
Nennmaßbereich in mm	6	7	8	1	2	3	4	5	6	7	8
bis 3	+ 2 − 4	+ 4 − 6	+ 6 − 8	+ 0,4 − 0,4	+ 0,6 − 0,6	+ 1 − 1	+ 1,5 − 1,5	+ 2 − 2	+ 3 − 3	+ 5 − 5	+ 7 − 7
über 3 bis 6	+ 5 − 3	+ 6 − 6	+ 10 − 8	+ 0,5 − 0,5	+ 0,75 − 0,75	+ 1,25 − 1,25	+ 2 − 2	+ 2,5 − 2,5	+ 4 − 4	+ 6 − 6	+ 9 − 9
über 6 bis 10	+ 5 − 4	+ 8 − 7	+ 12 − 10	+ 0,5 − 0,5	+ 0,75 − 0,75	+ 1,25 − 1,25	+ 2 − 2	+ 3 − 3	+ 4,5 − 4,5	+ 7,5 − 7,5	+ 11 − 11
über 10 bis 18	+ 6 − 5	+ 10 − 8	+ 15 − 12	+ 0,6 − 0,6	+ 1 − 1	+ 1,5 − 1,5	+ 2,5 − 2,5	+ 4 − 4	+ 5,5 − 5,5	+ 9 − 9	+ 13,5 − 13,5
über 18 bis 30	+ 8 − 5	+ 12 − 9	+ 20 − 13	+ 0,75 − 0,75	+ 1,25 − 1,25	+ 2 − 2	+ 3 − 3	+ 4,5 − 4,5	+ 6,5 − 6,5	+ 10,5 − 10,5	+ 16,5 − 16,5
über 30 bis 50	+ 10 − 6	+ 14 − 11	+ 24 − 15	+ 0,75 − 0,75	+ 1,25 − 1,25	+ 2 − 2	+ 3,5 − 3,5	+ 5,5 − 5,5	+ 8 − 8	+ 12,5 − 12,5	+ 19,5 − 19,5
über 50 bis 80	+ 13 − 6	+ 18 − 12	+ 28 − 18	+ 1 − 1	+ 1,5 − 1,5	+ 2,5 − 2,5	+ 4 − 4	+ 6,5 − 6,5	+ 9,5 − 9,5	+ 15 − 15	+ 23 − 23
über 80 bis 120	+ 16 − 6	+ 22 − 13	+ 34 − 20	+ 1,25 − 1,25	+ 2 − 2	+ 3 − 3	+ 5 − 5	+ 7,5 − 7,5	+ 11 − 11	+ 17,5 − 17,5	+ 27 − 27
über 120 bis 180	+ 18 − 7	+ 26 − 14	+ 41 − 22	+ 1,75 − 1,75	+ 2,5 − 2,5	+ 4 − 4	+ 6 − 6	+ 9 − 9	+ 12,5 − 12,5	+ 20 − 20	+ 31,5 − 31,5
über 180 bis 250	+ 22 − 7	+ 30 − 16	+ 47 − 25	+ 2,25 − 2,25	+ 3,5 − 3,5	+ 5 − 5	+ 7 − 7	+ 10 − 10	+ 14,5 − 14,5	+ 23 − 23	+ 36 − 36
über 250 bis 315	+ 25 − 7	+ 36 − 16	+ 55 − 26	+ 3 − 3	+ 4 − 4	+ 6 − 6	+ 8 − 8	+ 11,5 − 11,5	+ 16 − 16	+ 26 − 26	+ 40,5 − 40,5
über 315 bis 400	+ 29 − 7	+ 39 − 18	+ 60 − 29	+ 3,5 − 3,5	+ 4,5 − 4,5	+ 6,5 − 6,5	+ 9 − 9	+ 12,5 − 12,5	+ 18 − 18	+ 28,5 − 28,5	+ 44,5 − 44,5
über 400 bis 500	+ 33 − 7	+ 43 − 20	+ 66 − 31	+ 4 − 4	+ 5 − 5	+ 7,5 − 7,5	+ 10 − 10	+ 13,5 − 13,5	+ 20 − 20	+ 31,5 − 31,5	+ 48,5 − 48,5

Kurzzeichen	JS									
Nennmaßbereich in mm	9	10	11	12	13	14	15	16	17	18
bis 3	+ 12,5 − 12,5	+ 20 − 20	+ 30 − 30	+ 50 − 50	+ 70 − 70	+ 125 − 125	+ 200 − 200	+ 300 − 300	–	–
über 3 bis 6	+ 15 − 15	+ 24 − 24	+ 37,5 − 37,5	+ 60 − 60	+ 90 − 90	+ 150 − 150	+ 240 − 240	+ 375 − 375	+ 600 − 600	+ 900 − 900
über 6 bis 10	+ 18 − 18	+ 29 − 29	+ 45 − 45	+ 75 − 75	+ 110 − 110	+ 180 − 180	+ 290 − 290	+ 450 − 450	+ 750 − 750	+ 1100 − 1100
über 10 bis 18	+ 21,5 − 21,5	+ 35 − 35	+ 55 − 55	+ 90 − 90	+ 135 − 135	+ 215 − 215	+ 350 − 350	+ 550 − 550	+ 900 − 900	+ 1350 − 1350
über 18 bis 30	+ 26 − 26	+ 42 − 42	+ 65 − 65	+ 105 − 105	+ 165 − 165	+ 260 − 260	+ 420 − 420	+ 650 − 650	+ 1050 − 1050	+ 1650 − 1650
über 30 bis 50	+ 31 − 31	+ 50 − 50	+ 80 − 80	+ 125 − 125	+ 195 − 195	+ 310 − 310	+ 500 − 500	+ 800 − 800	+ 1250 − 1250	+ 1950 − 1950
über 50 bis 80	+ 37 − 37	+ 60 − 60	+ 95 − 95	+ 150 − 150	+ 230 − 230	+ 370 − 370	+ 600 − 600	+ 950 − 950	+ 1500 − 1500	+ 2300 − 2300
über 80 bis 120	+ 43,5 − 43,5	+ 70 − 70	+ 110 − 110	+ 175 − 175	+ 270 − 270	+ 435 − 435	+ 700 − 700	+ 1100 − 1100	+ 1750 − 1750	+ 2700 − 2700
über 120 bis 180	+ 50 − 50	+ 80 − 80	+ 125 − 125	+ 200 − 200	+ 315 − 315	+ 500 − 500	+ 800 − 800	+ 1250 − 1250	+ 2000 − 2000	+ 3150 − 3150
über 180 bis 250	+ 57,5 − 57,5	+ 92,5 − 92,5	+ 145 − 145	+ 230 − 230	+ 360 − 360	+ 575 − 575	+ 925 − 925	+ 1450 − 1450	+ 2300 − 2300	+ 3600 − 3600
über 250 bis 315	+ 65 − 65	+ 105 − 105	+ 160 − 160	+ 260 − 260	+ 405 − 405	+ 650 − 650	+ 1050 − 1050	+ 1600 − 1600	+ 2600 − 2600	+ 4050 − 4050
über 315 bis 400	+ 70 − 70	+ 115 − 115	+ 180 − 180	+ 285 − 285	+ 445 − 445	+ 700 − 700	+ 1150 − 1150	+ 1800 − 1800	+ 2850 − 2850	+ 4450 − 4450
über 400 bis 500	+ 77,5 − 77,5	+ 125 − 125	+ 200 − 200	+ 315 − 315	+ 485 − 485	+ 775 − 775	+ 1250 − 1250	+ 2000 − 2000	+ 3150 − 3150	+ 4850 − 4850

Abmaße in µm

Kurzzeichen / Nennmaßbereich in mm	K 3	K 4	K 5	K 6	K 7	K 8	K 9	K 10	M 3	M 4	M 5	M 6	M 7	M 8
bis 3	0	0	0	0	0	0	0	0	−2	−2	−2	−2	−2	−2
	−2	−3	−4	−6	−10	−14	−25	−40	−4	−5	−6	−8	−12	−16
über 3	0	+0,5	0	+2	+3	+5	–	–	−3	−2,5	−3	−1	0	+2
bis 6	−2,5	−3,5	−5	−6	−9	−13			−5,5	−6,5	−8	−9	−12	−16
über 6	0	+0,5	+1	+2	+5	+6	–	–	−5	−4,5	−4	−3	0	+1
bis 10	−2,5	−3,5	−5	−7	−10	−16			−7,5	−8,5	−10	−12	−15	−21
über 10	0	+1	+2	+2	+6	+8	–	–	−6	−5	−4	−4	0	+2
bis 18	−3	−4	−6	−9	−12	−19			−9	−10	−12	−15	−18	−25
über 18	−0,5	0	+1	+2	+6	+10	–	–	−6,5	−6	−5	−4	0	+4
bis 30	−4,5	−6	−8	−11	−15	−23			−10,5	−12	−14	−17	−21	−29
über 30	−0,5	+1	+2	+3	+7	+12	–	–	−7,5	−6	−5	−4	0	+5
bis 50	−4,5	−6	−9	−13	−18	−27			−11,5	−13	−16	−20	−25	−34
über 50	–	–	+3	+4	+9	+14	–	–	–	–	−6	−5	0	+5
bis 80			−10	−15	−21	−32					−19	−24	−30	−41
über 80	–	–	+2	+4	+10	+16	–	–	–	–	−8	−6	0	+6
bis 120			−13	−18	−25	−38					−23	−28	−35	−48
über 120	–	–	+3	+4	+12	+20	–	–	–	–	−9	−8	0	+8
bis 180			−15	−21	−28	−43					−27	−33	−40	−55
über 180	–	–	+2	+5	+13	+22	–	–	–	–	−11	−8	0	+9
bis 250			−18	−24	−33	−50					−31	−37	−46	−63
über 250	–	–	+3	+5	+16	+25	–	–	–	–	−13	−9	0	+9
bis 315			−20	−27	−36	−56					−36	−41	−52	−72
über 315	–	–	+3	+7	+17	+28	–	–	–	–	−14	−10	0	+11
bis 400			−22	−29	−40	−61					−39	−46	−57	−78
über 400	–	–	+2	+8	+18	+29	–	–	–	–	−16	−10	0	+11
bis 500			−25	−32	−45	−68					−43	−50	−63	−86

Kurzzeichen / Nennmaßbereich in mm	N 3	N 4	N 5	N 6	N 7	N 8	N 9	N 10	N 11	P 3	P 5	P 6	P 7	P 8	P 9
bis 3	−4	−4	−4	−4	−4	−4	−4	−4	−4	−6	−6	−6	−6	−6	−6
	−6	−7	−8	−10	−14	−18	−29	−44	−64	−8	−10	−12	−16	−20	−31
über 3	−7	−6,5	−7	−5	−4	−2	0	0	0	−11	−11	−9	−8	−12	−12
bis 6	−9,5	−10,5	−12	−13	−16	−20	−30	−48	−75	−13,5	−16	−17	−20	−30	−42
über 6	−9	−8,5	−8	−7	−4	−3	0	0	0	−14	−13	−12	−9	−15	−15
bis 10	11,5	12,5	14	16	19	25	36	58	90	16,5	−19	−21	−24	−37	−51
über 10	−11	−10	−9	−9	−5	−3	0	0	0	−17	−15	−15	−11	−18	−18
bis 18	−14	−15	−17	−20	−23	−30	−43	−70	−110	−20	−23	−26	−29	−45	−61
über 18	−13,5	−13	−12	−11	−7	−3	0	0	0	−20,5	−19	−18	−14	−22	−22
bis 30	−17,5	−19	−21	−24	−28	−36	−52	−84	−130	−24,5	−28	−31	−35	−55	−74
über 30	−15,5	−14	−13	−12	−8	−3	0	0	0	−24,5	−22	−21	−17	−26	−26
bis 50	−19,5	−21	−24	−28	−33	−42	−62	−100	−160	−28,5	−33	−37	−42	−65	−88
über 50	–	–	−15	−14	−9	−4	0	0	0	–	−27	−26	−21	−32	−32
bis 80			−28	−33	−39	−50	−74	−120	−190		−40	−45	−51	−78	−106
über 80	–	–	−18	−16	−10	−4	0	0	0	–	−32	−30	−24	−37	−37
bis 120			−33	−38	−45	−58	−87	−140	−220		−47	−52	−59	−91	−124
über 120	–	–	−21	−20	−12	−4	0	0	0	–	−37	−36	−28	−43	−43
bis 180			−39	−45	−52	−67	−100	−160	−250		−55	−61	−68	−106	−143
über 180	–	–	−25	−22	−14	−5	0	0	0	–	−44	−41	−33	−50	−50
bis 250			−45	−51	−60	−77	−115	−185	−290		−64	−70	−79	−122	−165
über 250	–	–	−27	−25	−14	−5	0	0	0	–	−49	−47	−36	−56	−56
bis 315			−50	−57	−66	−86	−130	−210	−320		−72	−79	−88	−137	−186
über 315	–	–	−30	−26	−16	−5	0	0	0	–	−55	−51	−41	−62	−62
bis 400			−55	−62	−73	−94	−140	−230	−360		−80	−87	−98	−151	−202
über 400	–	–	−33	−27	−17	−6	0	0	0	–	−61	−55	−45	−68	−68
bis 500			−60	−67	−80	−103	−155	−250	−400		−88	−95	−108	−165	−223

Abmaße in µm

Kurzzeichen	R 3	R 5	R 6	R 7	R 8	R 9	S 5	S 6	S 7	S 8	S 9	S 10
Nennmaßbereich in mm: bis 3	– 10 – 12	– 10 – 14	– 10 – 16	– 10 – 20	– 10 – 24	– 10 – 35	– 14 – 18	– 14 – 20	– 14 – 24	– 14 – 28	– 14 – 39	– 14 – 54
über 3 bis 6	– 14 – 16,5	– 14 – 19	– 12 – 20	– 11 – 23	– 15 – 33	– 15 – 45	– 18 – 23	– 16 – 24	– 15 – 27	– 19 – 37	– 19 – 49	– 19 – 67
über 6 bis 10	– 18 – 20,5	– 17 – 23	– 16 – 25	– 13 – 28	– 19 – 41	– 19 – 55	– 21 – 27	– 20 – 29	– 17 – 32	– 23 – 45	– 23 – 59	– 23 – 81
über 10 bis 18	– 22 – 25	– 20 – 28	– 20 – 31	– 16 – 34	– 23 – 50	– 23 – 66	– 25 – 33	– 25 – 36	– 21 – 39	– 28 – 55	– 28 – 71	– 28 – 98
über 18 bis 30	– 26,5 – 30,5	– 25 – 34	– 24 – 37	– 20 – 41	– 28 – 61	– 28 – 80	– 32 – 41	– 31 – 44	– 27 – 48	– 35 – 68	– 35 – 87	– 35 – 119
über 30 bis 50	– 32,5 – 36,5	– 30 – 41	– 29 – 45	– 25 – 50	– 34 – 73	– 34 – 96	– 39 – 50	– 38 – 54	– 34 – 59	– 43 – 82	– 43 – 105	– 43 – 143
über 50 bis 65	–	– 36 – 49	– 35 – 54	– 30 – 60	– 41 – 87	–	– 48 – 61	– 47 – 66	– 42 – 72	– 53 – 99	– 53 – 127	–
über 65 bis 80	–	– 38 – 51	– 37 – 56	– 32 – 62	– 43 – 89	–	– 54 – 67	– 53 – 72	– 48 – 78	– 59 – 105	– 59 – 133	–
über 80 bis 100	–	– 46 – 61	– 44 – 66	– 38 – 73	– 51 – 105	–	– 66 – 81	– 64 – 86	– 58 – 93	– 71 – 125	– 71 – 158	–
über 100 bis 120	–	– 49 – 64	– 47 – 69	– 41 – 76	– 54 – 108	–	– 74 – 89	– 72 – 94	– 66 – 101	– 79 – 133	– 79 – 166	–
über 120 bis 140	–	– 57 – 75	– 56 – 81	– 48 – 88	– 63 – 126	–	– 86 – 104	– 85 – 110	– 77 – 117	– 92 – 155	– 92 – 192	–
über 140 bis 160	–	– 59 – 77	– 58 – 83	– 50 – 90	– 65 – 128	–	– 94 – 112	– 93 – 118	– 85 – 125	– 100 – 163	– 100 – 200	–
über 160 bis 180	–	– 62 – 80	– 61 – 86	– 53 – 93	– 68 – 131	–	– 102 – 120	– 101 – 126	– 93 – 133	– 108 – 171	– 108 – 208	–
über 180 bis 200	–	– 71 – 91	– 68 – 97	– 60 – 106	– 77 – 149	–	– 116 – 136	– 113 – 142	– 105 – 151	– 122 – 194	– 122 – 237	–
über 200 bis 225	–	– 74 – 94	– 71 – 100	– 63 – 109	– 80 – 152	–	– 124 – 144	– 121 – 150	– 113 – 159	– 130 – 202	– 130 – 245	–
über 225 bis 250	–	– 78 – 98	– 75 – 104	– 67 – 113	– 84 – 156	–	– 134 – 154	– 131 – 160	– 123 – 169	– 140 – 212	– 140 – 255	–
über 250 bis 280	–	– 87 – 110	– 85 – 117	– 74 – 126	– 94 – 175	–	– 151 – 174	– 149 – 181	– 138 – 190	– 158 – 239	– 158 – 288	–
über 280 bis 315	–	– 91 – 114	– 89 – 121	– 78 – 130	– 98 – 179	–	– 163 – 186	– 161 – 193	– 150 – 202	– 170 – 251	– 170 – 300	–
über 315 bis 355	–	– 101 – 126	– 97 – 133	– 87 – 144	– 108 – 197	–	– 183 – 208	– 179 – 215	– 169 – 226	– 190 – 279	– 190 – 330	–
über 355 bis 400	–	– 107 – 132	– 103 – 139	– 93 – 150	– 114 – 203	–	– 201 – 226	– 197 – 233	– 187 – 244	– 208 – 297	– 208 – 348	–
über 400 bis 450	–	– 119 – 146	– 113 – 153	– 103 – 166	– 126 – 223	–	– 225 – 252	– 219 – 259	– 209 – 272	– 232 – 329	– 232 – 387	–
über 450 bis 500	–	– 125 – 152	– 119 – 159	– 109 – 172	– 132 – 229	–	– 245 – 272	– 239 – 279	– 229 – 292	– 252 – 349	– 252 – 407	–

Abmaße in µm

Kurzzeichen	T 6	T 7	T 8	T 9	U 6	U 7	U 8	U 9	U 10	U 11	V 6	V 7	V 8
bis 3	–	–	–	–	–18 –24	–18 –28	–18 –32	–18 –43	–18 –58	–	–	–	–
über 3 bis 6	–	–	–	–	–20 –28	–19 –31	–23 –41	–23 –53	–23 –71	–	–	–	–
über 6 bis 10	–	–	–	–	–25 –34	–22 –37	–28 –50	–28 –64	–28 –86	–	–	–	–
über 10 bis 14	–	–	–	–	–30 –41	–26 –44	–33 –60	–33 –76	–33 –103	–	–	–	–
über 14 bis 18											–36 –47	–32 –50	–39 –66
über 18 bis 24	–	–	–	–	–37 –50	–33 –54	–41 –74	–41 –93	–41 –125	–	–43 –56	–39 –60	–47 –80
über 24 bis 30	–37 –50	–33 –54	–41 –74	–	–44 –57	–40 –61	–48 –81	–48 –100	–48 –132	–	–51 –64	–47 –68	–55 –88
über 30 bis 40	–43 –59	–39 –64	–48 –87	–	–55 –71	–51 –76	–60 –99	–60 –122	–60 –160	–	–63 –79	–59 –84	–68 –107
über 40 bis 50	–49 –65	–45 –70	–54 –93	–	–65 –81	–61 –86	–70 –109	–70 –132	–70 –170	–	–76 –92	–72 –97	–81 –120
über 50 bis 65	–60 –79	–55 –85	–66 –112	–	–81 –100	–76 –106	–87 –133	–87 –161	–87 –207	–	–96 –115	–91 –121	–102 –148
über 65 bis 80	–69 –88	–64 –94	–75 –121	–	–96 –115	–91 –121	–102 –148	–102 –176	–102 –222	–	–114 –133	–109 –139	–120 –166
über 80 bis 100	–84 –106	–78 –113	–91 –145	–	–117 –139	–111 –146	–124 –178	–124 –211	–124 –264	–	–139 –161	–133 –168	–146 –200
über 100 bis 120	–97 –119	–91 –126	–104 –158	–	–137 –159	–131 –166	–144 –198	–144 –231	–144 –284	–144 –364	–165 –187	–159 –194	–172 –226
über 120 bis 140	–115 –140	–107 –147	–122 –185	–	–163 –188	–155 –195	–170 –233	–170 –270	–170 –330	–170 –420	–195 –220	–187 –227	–202 –265
über 140 bis 160	–127 –152	–119 –159	–134 –197	–	–183 –208	–175 –215	–190 –253	–190 –290	–190 –350	–190 –440	–221 –246	–213 –253	–228 –291
über 160 bis 180	–139 –164	–131 –171	–146 –209	–	–203 –228	–195 –235	–210 –273	–210 –310	–210 –370	–210 –460	–245 –270	–237 –277	–252 –315
über 180 bis 200	–157 –186	–149 –195	–166 –238	–	–227 –256	–219 –265	–236 –308	–236 –351	–236 –421	–236 –526	–275 –304	–267 –313	–284 –356
über 200 bis 225	–171 –200	–163 –209	–180 –252	–180 –295	–249 –278	–241 –287	–258 –330	–258 –373	–258 –443	–258 –548	–301 –330	–293 –339	–310 –382
über 225 bis 250	–187 –216	–179 –225	–196 –268	–196 –311	–275 –304	–267 –313	–284 –356	–284 –399	–284 –469	–284 –574	–331 –360	–323 –369	–340 –412
über 250 bis 280	–209 –241	–198 –250	–218 –299	–218 –348	–306 –338	–295 –347	–315 –396	–315 –445	–315 –525	–315 –635	–376 –408	–365 –417	–385 –466
über 280 bis 315	–231 –263	–220 –272	–240 –321	–240 –370	–341 –373	–330 –382	–350 –431	–350 –480	–350 –560	–350 –670	–416 –448	–405 –457	–425 –506
über 315 bis 355	–257 –293	–247 –304	–268 –357	–268 –408	–379 –415	–369 –426	–390 –479	–390 –530	–390 –620	–390 –750	–464 –500	–454 –511	–475 –564
über 355 bis 400	–283 –319	–273 –330	–294 –383	–294 –434	–424 –460	–414 –471	–435 –524	–435 –575	–435 –665	–435 –795	–519 –555	–509 –566	–530 –619
über 400 bis 450	–317 –357	–307 –370	–330 –427	–330 –485	–477 –517	–467 –530	–490 –587	–490 –645	–490 –740	–490 –890	–582 –622	–572 –635	–595 –692
über 450 bis 500	–347 –387	–337 –400	–360 –457	–360 –515	–527 –567	–517 –580	–540 –637	–540 –695	–540 –790	–540 –940	–647 –687	–637 –700	–660 –757

Nennmaßbereich in mm

Abmaße in µm

Kurzzeichen	X 6	X 7	X 8	X 9	X 10	X 11	Y 7	Z 7	Z 8	Z 9	Z 10	Z 11
bis 3	− 20 − 26	− 20 − 30	− 20 − 34	− 20 − 45	− 20 − 60	–	–	− 26 − 36	− 26 − 40	− 26 − 51	− 26 − 66	− 26 − 86
über 3 bis 6	− 25 − 33	− 24 − 36	− 28 − 46	− 28 − 58	− 28 − 76	–	–	− 31 − 43	− 35 − 53	− 35 − 65	− 35 − 83	− 35 − 110
über 6 bis 10	− 31 − 40	− 28 − 43	− 34 − 56	− 34 − 70	− 34 − 92	–	–	− 36 − 51	− 42 − 64	− 42 − 78	− 42 − 100	− 42 − 132
über 10 bis 14	− 37 − 48	− 33 − 51	− 40 − 67	− 40 − 83	− 40 − 110	–	–	− 43 − 61	− 50 − 77	− 50 − 93	− 50 − 120	− 50 − 160
über 14 bis 18	− 42 − 53	− 38 − 56	− 45 − 72	− 45 − 88	− 45 − 115	–	–	− 53 − 71	− 60 − 87	− 60 − 103	− 60 − 130	− 60 − 170
über 18 bis 24	− 50 − 63	− 46 − 67	− 54 − 87	− 54 − 106	− 54 − 138	–	− 55 − 76	− 65 − 86	− 73 − 106	− 73 − 125	− 73 − 157	− 73 − 203
über 24 bis 30	− 60 − 73	− 56 − 77	− 64 − 97	− 64 − 116	− 64 − 148	–	− 67 − 88	− 80 − 101	− 88 − 121	− 88 − 140	− 88 − 172	− 88 − 218
über 30 bis 40	− 75 − 91	− 71 − 96	− 80 − 119	− 80 − 142	− 80 − 180	–	− 85 − 110	− 103 − 128	− 112 − 151	− 112 − 174	− 112 − 212	− 112 − 272
über 40 bis 50	− 92 − 108	− 88 − 113	− 97 − 136	− 97 − 159	− 97 − 197	–	− 105 − 130	− 127 − 152	− 136 − 175	− 136 − 198	− 136 − 236	− 136 − 296
über 50 bis 65	− 116 − 135	− 111 − 141	− 122 − 168	− 122 − 196	− 122 − 242	− 122 − 312	− 133 − 163	− 161 − 191	− 172 − 218	− 172 − 246	− 172 − 292	− 172 − 362
über 65 bis 80	− 140 − 159	− 135 − 165	− 146 − 192	− 146 − 220	− 146 − 266	− 146 − 336	− 163 − 193	− 199 − 229	− 210 − 256	− 210 − 284	− 210 − 330	− 210 − 400
über 80 bis 100	− 171 − 193	− 165 − 200	− 178 − 232	− 178 − 265	− 178 − 318	− 178 − 398	− 201 − 236	− 245 − 280	− 258 − 312	− 258 − 345	− 258 − 398	− 258 − 478
über 100 bis 120	− 203 − 225	− 197 − 232	− 210 − 264	− 210 − 297	− 210 − 350	− 210 − 430	− 241 − 276	− 297 − 332	− 310 − 364	− 310 − 397	− 310 − 450	− 310 − 530
über 120 bis 140	− 241 − 266	− 233 − 273	− 248 − 311	− 248 − 348	− 248 − 408	− 248 − 498	− 285 − 325	− 350 − 390	− 365 − 428	− 365 − 465	− 365 − 525	− 365 − 615
über 140 bis 160	− 273 − 298	− 265 − 305	− 280 − 343	− 280 − 380	− 280 − 440	− 280 − 530	− 325 − 365	− 400 − 440	− 415 − 478	− 415 − 515	− 415 − 575	− 415 − 665
über 160 bis 180	− 303 − 328	− 295 − 335	− 310 − 373	− 310 − 410	− 310 − 470	− 310 − 560	− 365 − 405	− 450 − 490	− 465 − 528	− 465 − 565	− 465 − 625	− 465 − 715
über 180 bis 200	− 341 − 370	− 333 − 379	− 350 − 422	− 350 − 465	− 350 − 535	− 350 − 640	− 408 − 454	− 503 − 549	− 520 − 592	− 520 − 635	− 520 − 705	− 520 − 810
über 200 bis 225	− 376 − 405	− 368 − 414	− 385 − 457	− 385 − 500	− 385 − 570	− 385 − 675	− 453 − 499	− 558 − 604	− 575 − 647	− 575 − 690	− 575 − 760	− 575 − 865
über 225 bis 250	− 416 − 445	− 408 − 454	− 425 − 497	− 425 − 540	− 425 − 610	− 425 − 715	− 503 − 549	− 623 − 669	− 640 − 712	− 640 − 755	− 640 − 825	− 640 − 930
über 250 bis 280	− 466 − 498	− 455 − 507	− 475 − 556	− 475 − 605	− 475 − 685	− 475 − 795	− 560 − 612	− 690 − 742	− 710 − 791	− 710 − 840	− 710 − 920	− 710 − 1030
über 280 bis 315	− 516 − 548	− 505 − 557	− 525 − 606	− 525 − 655	− 525 − 735	− 525 − 845	− 630 − 682	− 770 − 822	− 790 − 871	− 790 − 920	− 790 − 1000	− 790 − 1110
über 315 bis 355	− 579 − 615	− 569 − 626	− 590 − 679	− 590 − 730	− 590 − 820	− 590 − 950	− 709 − 766	− 879 − 936	− 900 − 989	− 900 − 1040	− 900 − 1130	− 900 − 1260
über 355 bis 400	− 649 − 685	− 639 − 696	− 660 − 749	− 660 − 800	− 660 − 890	− 660 − 1020	− 799 − 856	− 979 − 1036	− 1000 − 1089	− 1000 − 1140	− 1000 − 1230	− 1000 − 1360
über 400 bis 450	− 727 − 767	− 717 − 780	− 740 − 837	− 740 − 895	− 740 − 990	− 740 − 1140	− 897 − 960	− 1077 − 1140	− 1100 − 1197	− 1100 − 1255	− 1100 − 1350	− 1100 − 1500
über 450 bis 500	− 807 − 847	− 797 − 860	− 820 − 917	− 820 − 975	− 820 − 1070	− 820 − 1220	− 977 − 1040	− 1227 − 1290	− 1250 − 1347	− 1250 − 1405	− 1250 − 1500	− 1250 − 1650

Nennmaßbereich in mm

Abmaße in µm

Kurzzeichen / Nennmaßbereich in mm	ZA					ZB					ZC				
	7	8	9	10	11	7	8	9	10	11	7	8	9	10	11
bis 3	– 32	– 32	– 32	– 32	– 32	– 40	– 40	– 40	– 40	– 40	– 60	– 60	– 60	– 60	– 60
	– 42	– 46	– 57	– 72	– 92	– 50	– 54	– 65	– 80	– 100	– 70	– 74	– 85	– 100	– 120
über 3	– 38	– 42	– 42	– 42	– 42	– 46	– 50	– 50	– 50	– 50	– 76	– 80	– 80	– 80	– 80
bis 6	– 50	– 60	– 72	– 90	– 117	– 58	– 68	– 80	– 98	– 125	– 88	– 98	– 110	– 128	– 155
über 6	– 46	– 52	– 52	– 52	– 52	– 61	– 67	– 67	– 67	– 67	– 91	– 97	– 97	– 97	– 97
bis 10	– 61	– 74	– 88	– 110	– 142	– 76	– 89	– 103	– 125	– 157	– 106	– 119	– 133	– 155	– 187
über 10	– 57	– 64	– 64	– 64	– 64	– 83	– 90	– 90	– 90	– 90	– 123	– 130	– 130	– 130	– 130
bis 14	– 75	– 91	– 107	– 134	– 174	– 101	– 117	– 133	– 160	– 200	– 141	– 157	– 173	– 200	– 240
über 14	– 70	– 77	– 77	– 77	– 77	– 101	– 108	– 108	– 108	– 108	– 143	– 150	– 150	– 150	– 150
bis 18	– 88	– 104	– 120	– 147	– 187	– 119	– 135	– 151	– 178	– 218	– 161	– 177	– 193	– 220	– 260
über 18	– 90	– 98	– 98	– 98	– 98	– 128	– 136	– 136	– 136	– 136	– 180	– 188	– 188	– 188	– 188
bis 24	– 111	– 131	– 150	– 182	– 228	– 149	– 169	– 188	– 220	– 266	– 201	– 221	– 240	– 272	– 318
über 24	– 110	– 118	– 118	– 118	– 118	– 152	– 160	– 160	– 160	– 160	– 210	– 218	– 218	– 218	– 218
bis 30	– 131	– 151	– 170	– 202	– 248	– 173	– 193	– 212	– 244	– 290	– 231	– 251	– 270	– 302	– 348
über 30	– 139	– 148	– 148	– 148	– 148	– 191	– 200	– 200	– 200	– 200	– 265	– 274	– 274	– 274	– 274
bis 40	– 164	– 187	– 210	– 248	– 308	– 216	– 239	– 262	– 300	– 360	– 290	– 313	– 336	– 374	– 434
über 40	– 171	– 180	– 180	– 180	– 180	– 233	– 242	– 242	– 242	– 242	– 316	– 325	– 325	– 325	– 325
bis 50	– 196	– 219	– 242	– 280	– 340	– 258	– 281	– 304	– 342	– 402	– 341	– 364	– 387	– 425	– 485
über 50	– 215	– 226	– 226	– 226	– 226	– 289	– 300	– 300	– 300	– 300	– 394	– 405	– 405	– 405	– 405
bis 65	– 245	– 272	– 300	– 346	– 416	– 319	– 346	– 374	– 420	– 490	– 424	– 451	– 479	– 525	– 595
über 65	– 263	– 274	– 274	– 274	– 274	– 349	– 360	– 360	– 360	– 360	– 469	– 480	– 480	– 480	– 480
bis 80	– 293	– 320	– 348	– 394	– 464	– 379	– 406	– 434	– 480	– 550	– 499	– 526	– 554	– 600	– 670
über 80	– 322	– 335	– 335	– 335	– 335	– 432	– 445	– 445	– 445	– 445	– 572	– 585	– 585	– 585	– 585
bis 100	– 357	– 389	– 422	– 475	– 555	– 467	– 499	– 532	– 585	– 665	– 607	– 639	– 672	– 725	– 805
über 100	– 387	– 400	– 400	– 400	– 400	– 512	– 525	– 525	– 525	– 525	– 677	– 690	– 690	– 690	– 690
bis 120	– 422	– 454	– 487	– 540	– 620	– 547	– 579	– 612	– 665	– 745	– 712	– 744	– 777	– 830	– 910
über 120	– 455	– 470	– 470	– 470	– 470	– 605	– 620	– 620	– 620	– 620	– 785	– 800	– 800	– 800	– 800
bis 140	– 495	– 533	– 570	– 630	– 720	– 645	– 683	– 720	– 780	– 870	– 825	– 863	– 900	– 960	– 1050
über 140	– 520	– 535	– 535	– 535	– 535	– 685	– 700	– 700	– 700	– 700	– 885	– 900	– 900	– 900	– 900
bis 160	– 560	– 598	– 635	– 695	– 785	– 725	– 763	– 800	– 860	– 950	– 925	– 963	– 1000	– 1060	– 1150
über 160	– 585	– 600	– 600	– 600	– 600	– 765	– 780	– 780	– 780	– 780	– 985	– 1000	– 1000	– 1000	– 1000
bis 180	– 625	– 663	– 700	– 760	– 850	– 805	– 843	– 880	– 940	– 1030	– 1025	– 1063	– 1100	– 1160	– 1250
über 180	– 653	– 670	– 670	– 670	– 670	– 863	– 880	– 880	– 880	– 880	– 1133	– 1150	– 1150	– 1150	– 1150
bis 200	– 699	– 742	– 785	– 855	– 960	– 909	– 952	– 995	– 1065	– 1170	– 1179	– 1222	– 1265	– 1335	– 1440
über 200	– 723	– 740	– 740	– 740	– 740	– 943	– 960	– 960	– 960	– 960	– 1233	– 1250	– 1250	– 1250	– 1250
bis 225	– 769	– 812	– 855	– 925	– 1030	– 989	– 1032	– 1075	– 1145	– 1250	– 1279	– 1322	– 1365	– 1435	– 1540
über 225	– 803	– 820	– 820	– 820	– 820	– 1033	– 1050	– 1050	– 1050	– 1050	– 1333	– 1350	– 1350	– 1350	– 1350
bis 250	– 849	– 892	– 935	– 1005	– 1110	– 1079	– 1122	– 1165	– 1235	– 1340	– 1379	– 1422	– 1465	– 1535	– 1640
über 250	– 900	– 920	– 920	– 920	– 920	– 1180	– 1200	– 1200	– 1200	– 1200	– 1530	– 1550	– 1550	– 1550	– 1550
bis 280	– 952	– 1001	– 1050	– 1130	– 1240	– 1232	– 1281	– 1330	– 1410	– 1520	– 1582	– 1631	– 1680	– 1760	– 1870
über 280	– 980	– 1000	– 1000	– 1000	– 1000	– 1280	– 1300	– 1300	– 1300	– 1300	– 1680	– 1700	– 1700	– 1700	– 1700
bis 315	– 1032	– 1081	– 1130	– 1210	– 1320	– 1332	– 1381	– 1430	– 1510	– 1620	– 1732	– 1781	– 1830	– 1910	– 2020
über 315	– 1129	– 1150	– 1150	– 1150	– 1150	– 1479	– 1500	– 1500	– 1500	– 1500	– 1879	– 1900	– 1900	– 1900	– 1900
bis 355	– 1186	– 1239	– 1290	– 1380	– 1510	– 1536	– 1589	– 1640	– 1730	– 1860	– 1936	– 1989	– 2040	– 2130	– 2260
über 355	– 1279	– 1300	– 1300	– 1300	– 1300	– 1629	– 1650	– 1650	– 1650	– 1650	– 2079	– 2100	– 2100	– 2100	– 2100
bis 400	– 1336	– 1389	– 1440	– 1530	– 1660	– 1686	– 1739	– 1790	– 1880	– 2010	– 2136	– 2189	– 2240	– 2330	– 2460
über 400	– 1427	– 1450	– 1450	– 1450	– 1450	– 1827	– 1850	– 1850	– 1850	– 1850	– 2377	– 2400	– 2400	– 2400	– 2400
bis 450	– 1490	– 1547	– 1605	– 1700	– 1850	– 1890	– 1947	– 2005	– 2100	– 2250	– 2440	– 2497	– 2555	– 2650	– 2800
über 450	– 1577	– 1600	– 1600	– 1600	– 1600	– 2077	– 2100	– 2100	– 2100	– 2100	– 2577	– 2600	– 2600	– 2600	– 2600
bis 500	– 1640	– 1697	– 1755	– 1850	– 2000	– 2140	– 2197	– 2255	– 2350	– 2500	– 2640	– 2697	– 2755	– 2850	– 3000

Abmaße
für
Außenmaße (Wellen)

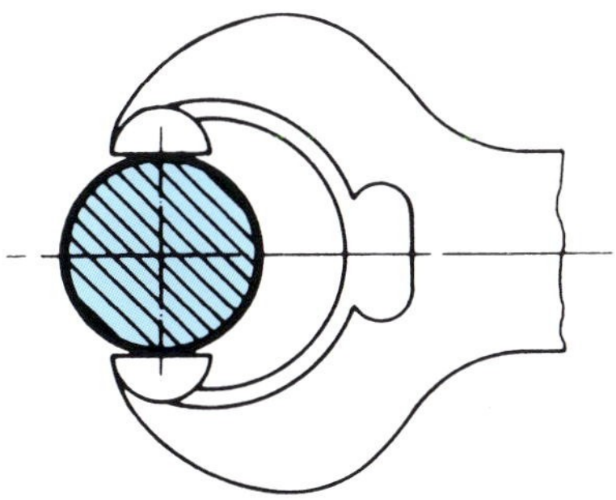

Tabelle 3 Abmaße in µm

Kurzzeichen	a					b					
Nennmaßbereich in mm	9	10	11	12	13	8	9	10	11	12	13
bis 3	– 270	– 270	– 270	– 270	– 270	– 140	– 140	– 140	– 140	– 140	– 140
	– 295	– 310	– 330	– 370	– 410	– 154	– 165	– 180	– 200	– 240	– 280
über 3	– 270	– 270	– 270	– 270	– 270	– 140	– 140	– 140	– 140	– 140	– 140
bis 6	– 300	– 318	– 345	– 390	– 450	– 158	– 170	– 188	– 215	– 260	– 320
über 6	– 280	– 280	– 280	– 280	– 280	– 150	– 150	– 150	– 150	– 150	– 150
bis 10	– 316	– 338	– 370	– 430	– 500	– 172	– 186	– 208	– 240	– 300	– 370
über 10	– 290	– 290	– 290	– 290	– 290	– 150	– 150	– 150	– 150	– 150	– 150
bis 18	– 333	– 360	– 400	– 470	– 560	– 177	– 193	– 220	– 260	– 330	– 420
über 18	– 300	– 300	– 300	– 300	– 300	– 160	– 160	– 160	– 160	– 160	– 160
bis 30	– 352	– 384	– 430	– 510	– 630	– 193	– 212	– 244	– 290	– 370	– 490
über 30	– 310	– 310	– 310	– 310	– 310	– 170	– 170	– 170	– 170	– 170	– 170
bis 40	– 372	– 410	– 470	– 560	– 700	– 209	– 232	– 270	– 330	– 420	– 560
über 40	– 320	– 320	– 320	– 320	– 320	– 180	– 180	– 180	– 180	– 180	– 180
bis 50	– 382	– 420	– 480	– 570	– 710	– 219	– 242	– 280	– 340	– 430	– 570
über 50	– 340	– 340	– 340	– 340	– 340	– 190	– 190	– 190	– 190	– 190	– 190
bis 65	– 414	– 460	– 530	– 640	– 800	– 236	– 264	– 310	– 380	– 490	– 650
über 65	– 360	– 360	– 360	– 360	– 360	– 200	– 200	– 200	– 200	– 200	– 200
bis 80	– 434	– 480	– 550	– 660	– 820	– 246	– 274	– 320	– 390	– 500	– 660
über 80	– 380	– 380	– 380	– 380	– 380	– 220	– 220	– 220	– 220	– 220	– 220
bis 100	– 467	– 520	– 600	– 730	– 920	– 274	– 307	– 360	– 440	– 570	– 760
über 100	– 410	– 410	– 410	– 410	– 410	– 240	– 240	– 240	– 240	– 240	– 240
bis 120	– 497	– 550	– 630	– 760	– 950	– 294	– 327	– 380	– 460	– 590	– 780
über 120	– 460	– 460	– 460	– 460	– 460	– 260	– 260	– 260	– 260	– 260	– 260
bis 140	– 560	– 620	– 710	– 860	– 1090	– 323	– 360	– 420	– 510	– 660	– 890
über 140	– 520	– 520	– 520	– 520	– 520	– 280	– 280	– 280	– 280	– 280	– 280
bis 160	– 620	– 680	– 770	– 920	– 1150	– 343	– 380	– 440	– 530	– 680	– 910
über 160	– 580	– 580	– 580	– 580	– 580	– 310	– 310	– 310	– 310	– 310	– 310
bis 180	– 680	– 740	– 830	– 980	– 1210	– 373	– 410	– 470	– 560	– 710	– 940
über 180	– 660	– 660	– 660	– 660	– 660	– 340	– 340	– 340	– 340	– 340	– 340
bis 200	– 775	– 845	– 950	– 1120	– 1380	– 412	– 455	– 525	– 630	– 800	– 1060
über 200	– 740	– 740	– 740	– 740	– 740	– 380	– 380	– 380	– 380	– 380	– 380
bis 225	– 855	– 925	– 1030	– 1200	– 1460	– 452	– 495	– 565	– 670	– 840	– 1100
über 225	– 820	– 820	– 820	– 820	– 820	– 420	– 420	– 420	– 420	– 420	– 420
bis 250	– 935	– 1005	– 1110	– 1280	– 1540	– 492	– 535	– 605	– 710	– 880	– 1140
über 250	– 920	– 920	– 920	– 920	– 920	– 480	– 480	– 480	– 480	– 480	– 480
bis 280	– 1050	– 1130	– 1240	– 1440	– 1730	– 561	– 610	– 690	– 800	– 1000	– 1290
über 280	– 1050	– 1050	– 1050	– 1050	– 1050	– 540	– 540	– 540	– 540	– 540	– 540
bis 315	– 1180	– 1260	– 1370	– 1570	– 1860	– 621	– 670	– 750	– 860	– 1060	– 1350
über 315	– 1200	– 1200	– 1200	– 1200	– 1200	– 600	– 600	– 600	– 600	– 600	– 600
bis 355	– 1340	– 1430	– 1560	– 1770	– 2090	– 689	– 740	– 830	– 960	– 1170	– 1490
über 355	– 1350	– 1350	– 1350	– 1350	– 1350	– 680	– 680	– 680	– 680	– 680	– 680
bis 400	– 1490	– 1580	– 1710	– 1920	– 2240	– 769	– 820	– 910	– 1040	– 1250	– 1570
über 400	– 1500	– 1500	– 1500	– 1500	– 1500	– 760	– 760	– 760	– 760	– 760	– 760
bis 450	– 1655	– 1750	– 1900	– 2130	– 2470	– 857	– 915	– 1010	– 1160	– 1390	– 1730
über 450	– 1650	– 1650	– 1650	– 1650	– 1650	– 840	– 840	– 840	– 840	– 840	– 840
bis 500	– 1805	– 1900	– 2050	– 2280	– 2620	– 937	– 995	– 1090	– 1240	– 1470	– 1810

Abmaße in µm

Kurzzeichen / Nennmaßbereich in mm	c 5	c 6	c 7	c 8	c 9	c 10	c 11	cd 5	cd 6	cd 7	cd 8	cd 9	cd 10
bis 3	–	–	–	– 60 – 74	– 60 – 85	– 60 – 100	– 60 – 120	– 34 – 38	– 34 – 40	– 34 – 44	– 34 – 48	– 34 – 59	– 34 – 74
über 3 bis 6	– 70 – 75	– 70 – 78	– 70 – 82	– 70 – 88	– 70 – 100	– 70 – 118	– 70 – 145	– 46 – 51	– 46 – 54	– 46 – 58	– 46 – 64	– 46 – 76	– 46 – 94
über 6 bis 10	– 80 – 86	– 80 – 89	– 80 – 95	– 80 – 102	– 80 – 116	– 80 – 138	– 80 – 170	– 56 – 62	– 56 – 65	– 56 – 71	– 56 – 78	– 56 – 92	– 56 – 114
über 10 bis 18	– 95 – 103	– 95 – 106	– 95 – 113	– 95 – 122	– 95 – 138	– 95 – 165	– 95 – 205	–	–	–	–	–	–
über 18 bis 30	–	–	–	– 110 – 143	– 110 – 162	– 110 – 194	– 110 – 240	–	–	–	–	–	–
über 30 bis 40	–	–	–	– 120 – 159	– 120 – 182	– 120 – 220	– 120 – 280	–	–	–	–	–	–
über 40 bis 50	–	–	–	– 130 – 169	– 130 – 192	– 130 – 230	– 130 – 290	–	–	–	–	–	–
über 50 bis 65	–	–	–	– 140 – 186	– 140 – 214	– 140 – 260	– 140 – 330	–	–	–	–	–	–
über 65 bis 80	–	–	–	– 150 – 196	– 150 – 224	– 150 – 270	– 150 – 340	–	–	–	–	–	–
über 80 bis 100	–	–	–	– 170 – 224	– 170 – 257	– 170 – 310	– 170 – 390	–	–	–	–	–	–
über 100 bis 120	–	–	–	– 180 – 234	– 180 – 267	– 180 – 320	– 180 – 400	–	–	–	–	–	–
über 120 bis 140	–	–	–	– 200 – 263	– 200 – 300	– 200 – 360	– 200 – 450	–	–	–	–	–	–
über 140 bis 160	–	–	–	– 210 – 273	– 210 – 310	– 210 – 370	– 210 – 460	–	–	–	–	–	–
über 160 bis 180	–	–	–	– 230 – 293	– 230 – 330	– 230 – 390	– 230 – 480	–	–	–	–	–	–
über 180 bis 200	–	–	–	– 240 – 312	– 240 – 355	– 240 – 425	– 240 – 530	–	–	–	–	–	–
über 200 bis 225	–	–	–	– 260 – 332	– 260 – 375	– 260 – 445	– 260 – 550	–	–	–	–	–	–
über 225 bis 250	–	–	–	– 280 – 352	– 280 – 395	– 280 – 465	– 280 – 570	–	–	–	–	–	–
über 250 bis 280	–	–	–	– 300 – 381	– 300 – 430	– 300 – 510	– 300 – 620	–	–	–	–	–	–
über 280 bis 315	–	–	–	– 330 – 411	– 330 – 460	– 330 – 540	– 330 – 650	–	–	–	–	–	–
über 315 bis 355	–	–	–	– 360 – 449	– 360 – 500	– 360 – 590	– 360 – 720	–	–	–	–	–	–
über 355 bis 400	–	–	–	– 400 – 489	– 400 – 540	– 400 – 630	– 400 – 760	–	–	–	–	–	–
über 400 bis 450	–	–	–	– 440 – 537	– 440 – 595	– 440 – 690	– 440 – 840	–	–	–	–	–	–
über 450 bis 500	–	–	–	– 480 – 577	– 480 – 635	– 480 – 730	– 480 – 880	–	–	–	–	–	–

Abmaße in µm

Kurzzeichen / Nennmaßbereich in mm	d 5	d 6	d 7	d 8	d 9	d 10	d 11	d 12	d 13
bis 3	− 20 − 24	− 20 − 26	− 20 − 30	− 20 − 34	− 20 − 45	− 20 − 60	− 20 − 80	− 20 − 120	− 20 − 160
über 3 bis 6	− 30 − 35	− 30 − 38	− 30 − 42	− 30 − 48	− 30 − 60	− 30 − 78	− 30 − 105	− 30 − 150	− 30 − 210
über 6 bis 10	− 40 − 46	− 40 − 49	− 40 − 55	− 40 − 62	− 40 − 76	− 40 − 98	− 40 − 130	− 40 − 190	− 40 − 260
über 10 bis 18	− 50 − 58	− 50 − 61	− 50 − 68	− 50 − 77	− 50 − 93	− 50 − 120	− 50 − 160	− 50 − 230	− 50 − 320
über 18 bis 30	− 65 − 74	− 65 − 78	− 65 − 86	− 65 − 98	− 65 − 117	− 65 − 149	− 65 − 195	− 65 − 275	− 65 − 395
über 30 bis 50	− 80 − 91	− 80 − 96	− 80 − 105	− 80 − 119	− 80 − 142	− 80 − 180	− 80 − 240	− 80 − 330	− 80 − 470
über 50 bis 80	− 100 − 113	− 100 − 119	− 100 − 130	− 100 − 146	− 100 − 174	− 100 − 220	− 100 − 290	− 100 − 400	− 100 − 560
über 80 bis 120	− 120 − 135	− 120 − 142	− 120 − 155	− 120 − 174	− 120 − 207	− 120 − 260	− 120 − 340	− 120 − 470	− 120 − 660
über 120 bis 180	− 145 − 163	− 145 − 170	− 145 − 185	− 145 − 208	− 145 − 245	− 145 − 305	− 145 − 395	− 145 − 545	− 145 − 775
über 180 bis 250	− 170 − 190	− 170 − 199	− 170 − 216	− 170 − 242	− 170 − 285	− 170 − 355	− 170 − 460	− 170 − 630	− 170 − 890
über 250 bis 315	− 190 − 213	− 190 − 222	− 190 − 242	− 190 − 271	− 190 − 320	− 190 − 400	− 190 − 510	− 190 − 710	− 190 − 1000
über 315 bis 400	− 210 − 235	− 210 − 246	− 210 − 267	− 210 − 299	− 210 − 350	− 210 − 440	− 210 − 570	− 210 − 780	− 210 − 1100
über 400 bis 500	− 230 − 257	− 230 − 270	− 230 − 293	− 230 − 327	− 230 − 385	− 230 − 480	− 230 − 630	− 230 − 860	− 230 − 1200

Kurzzeichen / Nennmaßbereich in mm	e 5	e 6	e 7	e 8	e 9	ef 3	ef 5	ef 6	ef 7	ef 8	ef 9
bis 3	− 14 − 18	− 14 − 20	− 14 − 24	− 14 − 28	− 14 − 39	− 10 − 12	− 10 − 14	− 10 − 16	− 10 − 20	− 10 − 24	− 10 − 35
über 3 bis 6	− 20 − 25	− 20 − 28	− 20 − 32	− 20 − 38	− 20 − 50	− 14 − 16,5	− 14 − 19	− 14 − 22	− 14 − 26	− 14 − 32	− 14 − 44
über 6 bis 10	− 25 − 31	− 25 − 34	− 25 − 40	− 25 − 47	− 25 − 61	− 18 − 20,5	− 18 − 24	− 18 − 27	− 18 − 33	− 18 − 40	− 18 − 54
über 10 bis 18	− 32 − 40	− 32 − 43	− 32 − 50	− 32 − 59	− 32 − 75	–	–	–	–	–	–
über 18 bis 30	− 40 − 49	− 40 − 53	− 40 − 61	− 40 − 73	− 40 − 92	–	–	–	–	–	–
über 30 bis 50	− 50 − 61	− 50 − 66	− 50 − 75	− 50 − 89	− 50 − 112	–	–	–	–	–	–
über 50 bis 80	− 60 − 73	− 60 − 79	− 60 − 90	− 60 − 106	− 60 − 134	–	–	–	–	–	–
über 80 bis 120	− 72 − 87	− 72 − 94	− 72 − 107	− 72 − 126	− 72 − 159	–	–	–	–	–	–
über 120 bis 180	− 85 − 103	− 85 − 110	− 85 − 125	− 85 − 148	− 85 − 185	–	–	–	–	–	–
über 180 bis 250	− 100 − 120	− 100 − 129	− 100 − 146	− 100 − 172	− 100 − 215	–	–	–	–	–	–
über 250 bis 315	− 110 − 133	− 110 − 142	− 110 − 162	− 110 − 191	− 110 − 240	–	–	–	–	–	–
über 315 bis 400	− 125 − 150	− 125 − 161	− 125 − 182	− 125 − 214	− 125 − 265	–	–	–	–	–	–
über 400 bis 500	− 135 − 162	− 135 − 175	− 135 − 198	− 135 − 232	− 135 − 290	–	–	–	–	–	–

Abmaße in µm

Kurzzeichen	f 3	f 4	f 5	f 6	f 7	f 8	f 9
Nennmaßbereich in mm	3	4	5	6	7	8	9
bis 3	– 6 – 8	– 6 – 9	– 6 – 10	– 6 – 12	– 6 – 16	– 6 – 20	– 6 – 31
über 3 bis 6	– 10 – 12,5	– 10 – 14	– 10 – 15	– 10 – 18	– 10 – 22	– 10 – 28	– 10 – 40
über 6 bis 10	– 13 – 15,5	– 13 – 17	– 13 – 19	– 13 – 22	– 13 – 28	– 13 – 35	– 13 – 49
über 10 bis 18	– 16 – 19	– 16 – 21	– 16 – 24	– 16 – 27	– 16 – 34	– 16 – 43	– 16 – 59
über 18 bis 30	– 20 – 24	– 20 – 26	– 20 – 29	– 20 – 33	– 20 – 41	– 20 – 53	– 20 – 72
über 30 bis 50	– 25 – 29	– 25 – 32	– 25 – 36	– 25 – 41	– 25 – 50	– 25 – 64	– 25 – 87
über 50 bis 80	–	– 30 – 38	– 30 – 43	– 30 – 49	– 30 – 60	– 30 – 76	– 30 – 104
über 80 bis 120	–	– 36 – 46	– 36 – 51	– 36 – 58	– 36 – 71	– 36 – 90	– 36 – 123
über 120 bis 180	–	– 43 – 55	– 43 – 61	– 43 – 68	– 43 – 83	– 43 – 106	– 43 – 143
über 180 bis 250	–	– 50 – 64	– 50 – 70	– 50 – 79	– 50 – 96	– 50 – 122	– 50 – 165
über 250 bis 315	–	– 56 – 72	– 56 – 79	– 56 – 88	– 56 – 108	– 56 – 137	– 56 – 185
über 315 bis 400	–	– 62 – 80	– 62 – 87	– 62 – 98	– 62 – 119	– 62 – 151	– 62 – 202
über 400 bis 500	–	– 68 – 88	– 68 – 95	– 68 – 108	– 68 – 131	– 68 – 165	– 68 – 223

Kurzzeichen	fg						g				
Nennmaßbereich in mm	3	4	5	6	7	8	3	4	5	6	7
bis 3	– 4 – 6	– 4 – 7	– 4 – 8	– 4 – 10	– 4 – 14	– 4 – 18	– 2 – 4	– 2 – 5	– 2 – 6	– 2 – 8	– 2 – 12
über 3 bis 6	– 6 – 8,5	– 6 – 10	– 6 – 11	– 6 – 14	– 6 – 18	– 6 – 24	– 4 – 6,5	– 4 – 8	– 4 – 9	– 4 – 12	– 4 – 16
über 6 bis 10	– 8 – 10,5	– 8 – 12	– 8 – 14	– 8 – 17	– 8 – 23	– 8 – 30	– 5 – 7,5	– 5 – 9	– 5 – 11	– 5 – 14	– 5 – 20
über 10 bis 18	–	–	–	–	–	–	– 6 – 9	– 6 – 11	– 6 – 14	– 6 – 17	– 6 – 24
über 18 bis 30	–	–	–	–	–	–	– 7 – 11	– 7 – 13	– 7 – 16	– 7 – 20	– 7 – 28
über 30 bis 50	–	–	–	–	–	–	– 9 – 13	– 9 – 16	– 9 – 20	– 9 – 25	– 9 – 34
über 50 bis 80	–	–	–	–	–	–	–	– 10 – 18	– 10 – 23	– 10 – 29	– 10 – 40
über 80 bis 120	–	–	–	–	–	–	–	– 12 – 22	– 12 – 27	– 12 – 34	– 12 – 47
über 120 bis 180	–	–	–	–	–	–	–	– 14 – 26	– 14 – 32	– 14 – 39	– 14 – 54
über 180 bis 250	–	–	–	–	–	–	–	– 15 – 29	– 15 – 35	– 15 – 44	– 15 – 61
über 250 bis 315	–	–	–	–	–	–	–	– 17 – 33	– 17 – 40	– 17 – 49	– 17 – 69
über 315 bis 400	–	–	–	–	–	–	–	– 18 – 36	– 18 – 43	– 18 – 54	– 18 – 75
über 400 bis 500	–	–	–	–	–	–	–	– 20 – 40	– 20 – 47	– 20 – 60	– 20 – 83

Abmaße in µm

Kurzzeichen	h								
Nennmaßbereich in mm	1	2	3	4	5	6	7	8	9
bis 3	0 – 0,8	0 – 1,2	0 – 2	0 – 3	0 – 4	0 – 6	0 – 10	0 – 14	0 – 25
über 3 bis 6	0 – 1	0 – 1,5	0 – 2,5	0 – 4	0 – 5	0 – 8	0 – 12	0 – 18	0 – 30
über 6 bis 10	0 – 1	0 – 1,5	0 – 2,5	0 – 4	0 – 6	0 – 9	0 – 15	0 – 22	0 – 36
über 10 bis 18	0 – 1,2	0 – 2	0 – 3	0 – 5	0 – 8	0 – 11	0 – 18	0 – 27	0 – 43
über 18 bis 30	0 – 1,5	0 – 2,5	0 – 4	0 – 6	0 – 9	0 – 13	0 – 21	0 – 33	0 – 52
über 30 bis 50	0 – 1,5	0 – 2,5	0 – 4	0 – 7	0 – 11	0 – 16	0 – 25	0 – 39	0 – 62
über 50 bis 80	0 – 2	0 – 3	0 – 5	0 – 8	0 – 13	0 – 19	0 – 30	0 – 46	0 – 74
über 80 bis 120	0 – 2,5	0 – 4	0 – 6	0 – 10	0 – 15	0 – 22	0 – 35	0 – 54	0 – 87
über 120 bis 180	0 – 3,5	0 – 5	0 – 8	0 – 12	0 – 18	0 – 25	0 – 40	0 – 63	0 – 100
über 180 bis 250	0 – 4,5	0 – 7	0 – 10	0 – 14	0 – 20	0 – 29	0 – 46	0 – 72	0 – 115
über 250 bis 315	0 – 6	0 – 8	0 – 12	0 – 16	0 – 23	0 – 32	0 – 52	0 – 81	0 – 130
über 315 bis 400	0 – 7	0 – 9	0 – 13	0 – 18	0 – 25	0 – 36	0 – 57	0 – 89	0 – 140
über 400 bis 500	0 – 8	0 – 10	0 – 15	0 – 20	0 – 27	0 – 40	0 – 63	0 – 97	0 – 155

Kurzzeichen	h								
Nennmaßbereich in mm	10	11	12	13	14	15	16	17	18
bis 3	0 – 40	0 – 60	0 – 100	0 – 140	0 – 250	0 – 400	0 – 600	–	–
über 3 bis 6	0 – 48	0 – 75	0 – 120	0 – 180	0 – 300	0 – 480	0 – 750	0 – 1200	0 – 1800
über 6 bis 10	0 – 58	0 – 90	0 – 150	0 – 220	0 – 360	0 – 580	0 – 900	0 – 1500	0 – 2200
über 10 bis 18	0 – 70	0 – 110	0 – 180	0 – 270	0 – 430	0 – 700	0 – 1100	0 – 1800	0 – 2700
über 18 bis 30	0 – 84	0 – 130	0 – 210	0 – 330	0 – 520	0 – 840	0 – 1300	0 – 2100	0 – 3300
über 30 bis 50	0 – 100	0 – 160	0 – 250	0 – 390	0 – 620	0 – 1000	0 – 1600	0 – 2500	0 – 3900
über 50 bis 80	0 – 120	0 – 190	0 – 300	0 – 460	0 – 740	0 – 1200	0 – 1900	0 – 3000	0 – 4600
über 80 bis 120	0 – 140	0 – 220	0 – 350	0 – 540	0 – 870	0 – 1400	0 – 2200	0 – 3500	0 – 5400
über 120 bis 180	0 – 160	0 – 250	0 – 400	0 – 630	0 – 1000	0 – 1600	0 – 2500	0 – 4000	0 – 6300
über 180 bis 250	0 – 185	0 – 290	0 – 460	0 – 720	0 – 1150	0 – 1850	0 – 2900	0 – 4600	0 – 7200
über 250 bis 315	0 – 210	0 – 320	0 – 520	0 – 810	0 – 1300	0 – 2100	0 – 3200	0 – 5200	0 – 8100
über 315 bis 400	0 – 230	0 – 360	0 – 570	0 – 890	0 – 1400	0 – 2300	0 – 3600	0 – 5700	0 – 8900
über 400 bis 500	0 – 250	0 – 400	0 – 630	0 – 970	0 – 1550	0 – 2500	0 – 4000	0 – 6300	0 – 9700

Abmaße in µm

Kurzzeichen	j				js						
Nennmaßbereich in mm	5	6	7	8	1	2	3	4	5	6	7
bis 3	+ 2 − 2	+ 4 − 2	+ 6 − 4	+ 8 − 6	+ 0,4 − 0,4	+ 0,6 − 0,6	+ 1 − 1	+ 1,5 − 1,5	+ 2 − 2	+ 3 − 3	+ 5 − 5
über 3 bis 6	+ 3 − 2	+ 6 − 2	+ 8 − 4	–	+ 0,5 − 0,5	+ 0,75 − 0,75	+ 1,25 − 1,25	+ 2 − 2	+ 2,5 − 2,5	+ 4 − 4	+ 6 − 6
über 6 bis 10	+ 4 − 2	+ 7 − 2	+ 10 − 5	–	+ 0,5 − 0,5	+ 0,75 − 0,75	+ 1,25 − 1,25	+ 2 − 2	+ 3 − 3	+ 4,5 − 4,5	+ 7,5 − 7,5
über 10 bis 18	+ 5 − 3	+ 8 − 3	+ 12 − 6	–	+ 0,6 − 0,6	+ 1 − 1	+ 1,5 − 1,5	+ 2,5 − 2,5	+ 4 − 4	+ 5,5 − 5,5	+ 9 − 9
über 18 bis 30	+ 5 − 4	+ 9 − 4	+ 13 − 8	–	+ 0,75 − 0,75	+ 1,25 − 1,25	+ 2 − 2	+ 3 − 3	+ 4,5 − 4,5	+ 6,5 − 6,5	+ 10,5 − 10,5
über 30 bis 50	+ 6 − 5	+ 11 − 5	+ 15 − 10	–	+ 0,75 − 0,75	+ 1,25 − 1,25	+ 2 − 2	+ 3,5 − 3,5	+ 5,5 − 5,5	+ 8 − 8	+ 12,5 − 12,5
über 50 bis 80	+ 6 − 7	+ 12 − 7	+ 18 − 12	–	+ 1 − 1	+ 1,5 − 1,5	+ 2,5 − 2,5	+ 4 − 4	+ 6,5 − 6,5	+ 9,5 − 9,5	+ 15 − 15
über 80 bis 120	+ 6 − 9	+ 13 − 9	+ 20 − 15	–	+ 1,25 − 1,25	+ 2 − 2	+ 3 − 3	+ 5 − 5	+ 7,5 − 7,5	+ 11 − 11	+ 17,5 − 17,5
über 120 bis 180	+ 7 − 11	+ 14 − 11	+ 22 − 18	–	+ 1,75 − 1,75	+ 2,5 − 2,5	+ 4 − 4	+ 6 − 6	+ 9 − 9	+ 12,5 − 12,5	+ 20 − 20
über 180 bis 250	+ 7 − 13	+ 16 − 13	+ 25 − 21	–	+ 2,25 − 2,25	+ 3,5 − 3,5	+ 5 − 5	+ 7 − 7	+ 10 − 10	+ 14,5 − 14,5	+ 23 − 23
über 250 bis 315	+ 7 − 16	+ 16 − 16	+ 26 − 26	–	+ 3 − 3	+ 4 − 4	+ 6 − 6	+ 8 − 8	+ 11,5 − 11,5	+ 16 − 16	+ 26 − 26
über 315 bis 400	+ 7 − 18	+ 18 − 18	+ 29 − 28	–	+ 3,5 − 3,5	+ 4,5 − 4,5	+ 6,5 − 6,5	+ 9 − 9	+ 12,5 − 12,5	+ 18 − 18	+ 28,5 − 28,5
über 400 bis 500	+ 7 − 20	+ 20 − 20	+ 31 − 32	–	+ 4 − 4	+ 5 − 5	+ 7,5 − 7,5	+ 10 − 10	+ 13,5 − 13,5	+ 20 − 20	+ 31,5 − 31,5

Kurzzeichen	js										
Nennmaßbereich in mm	8	9	10	11	12	13	14	15	16	17	18
bis 3	+ 7 − 7	+ 12,5 − 12,5	+ 20 − 20	+ 30 − 30	+ 50 − 50	+ 70 − 70	+ 125 − 125	+ 200 − 200	+ 300 − 300	–	–
über 3 bis 6	+ 9 − 9	+ 15 − 15	+ 24 − 24	+ 37,5 − 37,5	+ 60 − 60	+ 90 − 90	+ 150 − 150	+ 240 − 240	+ 375 − 375	+ 600 − 600	+ 900 − 900
über 6 bis 10	+ 11 − 11	+ 18 − 18	+ 29 − 29	+ 45 − 45	+ 75 − 75	+ 110 − 110	+ 180 − 180	+ 290 − 290	+ 450 − 450	+ 750 − 750	+ 1100 − 1100
über 10 bis 18	+ 13,5 − 13,5	+ 21,5 − 21,5	+ 35 − 35	+ 55 − 55	+ 90 − 90	+ 135 − 135	+ 215 − 215	+ 350 − 350	+ 550 − 550	+ 900 − 900	+ 1350 − 1350
über 18 bis 30	+ 16,5 − 16,5	+ 26 − 26	+ 42 − 42	+ 65 − 65	+ 105 − 105	+ 165 − 165	+ 260 − 260	+ 420 − 420	+ 650 − 650	+ 1050 − 1050	+ 1650 − 1650
über 30 bis 50	+ 19,5 − 19,5	+ 31 − 31	+ 50 − 50	+ 80 − 80	+ 125 − 125	+ 195 − 195	+ 310 − 310	+ 500 − 500	+ 800 − 800	+ 1250 − 1250	+ 1950 − 1950
über 50 bis 80	+ 23 − 23	+ 37 − 37	+ 60 − 60	+ 95 − 95	+ 150 − 150	+ 230 − 230	+ 370 − 370	+ 600 − 600	+ 950 − 950	+ 1500 − 1500	+ 2300 − 2300
über 80 bis 120	+ 27 − 27	+ 43,5 − 43,5	+ 70 − 70	+ 110 − 110	+ 175 − 175	+ 270 − 270	+ 435 − 435	+ 700 − 700	+ 1100 − 1100	+ 1750 − 1750	+ 2700 − 2700
über 120 bis 180	+ 31,5 − 31,5	+ 50 − 50	+ 80 − 80	+ 125 − 125	+ 200 − 200	+ 315 − 315	+ 500 − 500	+ 800 − 800	+ 1250 − 1250	+ 2000 − 2000	+ 3150 − 3150
über 180 bis 250	+ 36 − 36	+ 57,5 − 57,5	+ 92,5 − 92,5	+ 145 − 145	+ 230 − 230	+ 360 − 360	+ 575 − 575	+ 925 − 925	+ 1450 − 1450	+ 2300 − 2300	+ 3600 − 3600
über 250 bis 315	+ 40,5 − 40,5	+ 65 − 65	+ 105 − 105	+ 160 − 160	+ 260 − 260	+ 405 − 405	+ 650 − 650	+ 1050 − 1050	+ 1600 − 1600	+ 2600 − 2600	+ 4050 − 4050
über 315 bis 400	+ 44,5 − 44,5	+ 70 − 70	+ 115 − 115	+ 180 − 180	+ 285 − 285	+ 445 − 445	+ 700 − 700	+ 1150 − 1150	+ 1800 − 1800	+ 2850 − 2850	+ 4450 − 4450
über 400 bis 500	+ 48,5 − 48,5	+ 77,5 − 77,5	+ 125 − 125	+ 200 − 200	+ 315 − 315	+ 485 − 485	+ 775 − 775	+ 1250 − 1250	+ 2000 − 2000	+ 3150 − 3150	+ 4850 − 4850

Abmaße in µm

Kurzzeichen	k									m				
Nennmaßbereich in mm	3	4	5	6	7	8	9	10	11	3	4	5	6	7
bis 3	+ 2 0	+ 3 0	+ 4 0	+ 6 0	+ 10 0	+ 14 0	+ 25 0	+ 40 0	+ 60 0	+ 4 + 2	+ 5 + 2	+ 6 + 2	+ 8 + 2	+ 12 + 2
über 3 bis 6	+ 2,5 0	+ 5 + 1	+ 6 + 1	+ 9 + 1	+ 13 + 1	+ 18 0	+ 30 0	+ 48 0	+ 75 0	+ 6,5 + 4	+ 8 + 4	+ 9 + 4	+ 12 + 4	+ 16 + 4
über 6 bis 10	+ 2,5 0	+ 5 + 1	+ 7 + 1	+ 10 + 1	+ 16 + 1	+ 22 0	+ 36 0	+ 58 0	+ 90 0	+ 8,5 + 6	+ 10 + 6	+ 12 + 6	+ 15 + 6	+ 21 + 6
über 10 bis 18	+ 3 0	+ 6 + 1	+ 9 + 1	+ 12 + 1	+ 19 + 1	+ 27 0	+ 43 0	+ 70 0	+ 110 0	+ 10 + 7	+ 12 + 7	+ 15 + 7	+ 18 + 7	+ 25 + 7
über 18 bis 30	+ 4 0	+ 8 + 2	+ 11 + 2	+ 15 + 2	+ 23 + 2	+ 33 0	+ 52 0	+ 84 0	+ 130 0	+ 12 + 8	+ 14 + 8	+ 17 + 8	+ 21 + 8	+ 29 + 8
über 30 bis 50	+ 4 0	+ 9 + 2	+ 13 + 2	+ 18 + 2	+ 27 + 2	+ 39 0	+ 62 0	+ 100 0	+ 160 0	+ 13 + 9	+ 16 + 9	+ 20 + 9	+ 25 + 9	+ 34 + 9
über 50 bis 80	–	+ 10 + 2	+ 15 + 2	+ 21 + 2	+ 32 + 2	+ 46 0	+ 74 0	+ 120 0	+ 190 0	–	+ 19 + 11	+ 24 + 11	+ 30 + 11	+ 41 + 11
über 80 bis 120	–	+ 13 + 3	+ 18 + 3	+ 25 + 3	+ 38 + 3	+ 54 0	+ 87 0	+ 140 0	+ 220 0	–	+ 23 + 13	+ 28 + 13	+ 35 + 13	+ 48 + 13
über 120 bis 180	–	+ 15 + 3	+ 21 + 3	+ 28 + 3	+ 43 + 3	+ 63 0	+ 100 0	+ 160 0	+ 250 0	–	+ 27 + 15	+ 33 + 15	+ 40 + 15	+ 55 + 15
über 180 bis 250	–	+ 18 + 4	+ 24 + 4	+ 33 + 4	+ 50 + 4	+ 72 0	+ 115 0	+ 185 0	+ 290 0	–	+ 31 + 17	+ 37 + 17	+ 46 + 17	+ 63 + 17
über 250 bis 315	–	+ 20 + 4	+ 27 + 4	+ 36 + 4	+ 56 + 4	+ 81 0	+ 130 0	+ 210 0	+ 320 0	–	+ 36 + 20	+ 43 + 20	+ 52 + 20	+ 72 + 20
über 315 bis 400	–	+ 22 + 4	+ 29 + 4	+ 40 + 4	+ 61 + 4	+ 89 0	+ 140 0	+ 230 0	+ 360 0	–	+ 39 + 21	+ 46 + 21	+ 57 + 21	+ 78 + 21
über 400 bis 500	–	+ 25 + 5	+ 32 + 5	+ 45 + 5	+ 68 + 5	+ 97 0	+ 155 0	+ 250 0	+ 400 0	–	+ 43 + 23	+ 50 + 23	+ 63 + 23	+ 86 + 23

Kurzzeichen	n					p						
Nennmaßbereich in mm	3	4	5	6	7	3	4	5	6	7	8	9
bis 3	+ 6 + 4	+ 7 + 4	+ 8 + 4	+ 10 + 4	+ 14 + 4	+ 8 + 6	+ 9 + 6	+ 10 + 6	+ 12 + 6	+ 16 + 6	+ 20 + 6	+ 31 + 6
über 3 bis 6	+ 10,5 + 8	+ 12 + 8	+ 13 + 8	+ 16 + 8	+ 20 + 8	+ 14,5 + 12	+ 16 + 12	+ 17 + 12	+ 20 + 12	+ 24 + 12	+ 30 + 12	+ 42 + 12
über 6 bis 10	+ 12,5 + 10	+ 14 + 10	+ 16 + 10	+ 19 + 10	+ 25 + 10	+ 17,5 + 15	+ 19 + 15	+ 21 + 15	+ 24 + 15	+ 30 + 15	+ 37 + 15	+ 51 + 15
über 10 bis 18	+ 15 + 12	+ 17 + 12	+ 20 + 12	+ 23 + 12	+ 30 + 12	+ 21 + 18	+ 23 + 18	+ 26 + 18	+ 29 + 18	+ 36 + 18	+ 45 + 18	+ 61 + 18
über 18 bis 30	+ 19 + 15	+ 21 + 15	+ 24 + 15	+ 28 + 15	+ 36 + 15	+ 26 + 22	+ 28 + 22	+ 31 + 22	+ 35 + 22	+ 43 + 22	+ 55 + 22	+ 74 + 22
über 30 bis 50	+ 21 + 17	+ 24 + 17	+ 28 + 17	+ 33 + 17	+ 42 + 17	+ 30 + 26	+ 33 + 26	+ 37 + 26	+ 42 + 26	+ 51 + 26	+ 65 + 26	+ 88 + 26
über 50 bis 80	–	+ 28 + 20	+ 33 + 20	+ 39 + 20	+ 50 + 20	–	+ 40 + 32	+ 45 + 32	+ 51 + 32	+ 62 + 32	+ 78 + 32	–
über 80 bis 120	–	+ 33 + 23	+ 38 + 23	+ 45 + 23	+ 58 + 23	–	+ 47 + 37	+ 52 + 37	+ 59 + 37	+ 72 + 37	+ 91 + 37	–
über 120 bis 180	–	+ 39 + 27	+ 45 + 27	+ 52 + 27	+ 67 + 27	–	+ 55 + 43	+ 61 + 43	+ 68 + 43	+ 83 + 43	+ 106 + 43	–
über 180 bis 250	–	+ 45 + 31	+ 51 + 31	+ 60 + 31	+ 77 + 31	–	+ 64 + 50	+ 70 + 50	+ 79 + 50	+ 96 + 50	+ 122 + 50	–
über 250 bis 315	–	+ 50 + 34	+ 57 + 34	+ 66 + 34	+ 86 + 34	–	+ 72 + 56	+ 79 + 56	+ 88 + 56	+ 108 + 56	+ 137 + 56	–
über 315 bis 400	–	+ 55 + 37	+ 62 + 37	+ 73 + 37	+ 94 + 37	–	+ 80 + 62	+ 87 + 62	+ 98 + 62	+ 119 + 62	+ 151 + 62	–
über 400 bis 500	–	+ 60 + 40	+ 67 + 40	+ 80 + 40	+ 103 + 40	–	+ 88 + 68	+ 95 + 68	+ 108 + 68	+ 131 + 68	+ 165 + 68	–

Abmaße in µm

Kurzzeichen	r							s						
	3	4	5	6	7	8	9	4	5	6	7	8	9	10
bis 3	+ 12 + 10	+ 13 + 10	+ 14 + 10	+ 16 + 10	+ 20 + 10	+ 24 + 10	+ 35 + 10	+ 17 + 14	+ 18 + 14	+ 20 + 14	+ 24 + 14	+ 28 + 14	+ 39 + 14	+ 54 + 14
über 3 bis 6	+ 17,5 + 15	+ 19 + 15	+ 20 + 15	+ 23 + 15	+ 27 + 15	+ 33 + 15	+ 45 + 15	+ 23 + 19	+ 24 + 19	+ 27 + 19	+ 31 + 19	+ 37 + 19	+ 49 + 19	+ 67 + 19
über 6 bis 10	+ 21,5 + 19	+ 23 + 19	+ 25 + 19	+ 28 + 19	+ 34 + 19	+ 41 + 19	+ 55 + 19	+ 27 + 23	+ 29 + 23	+ 32 + 23	+ 38 + 23	+ 45 + 23	+ 59 + 23	+ 81 + 23
über 10 bis 18	+ 26 + 23	+ 28 + 23	+ 31 + 23	+ 34 + 23	+ 41 + 23	+ 50 + 23	+ 66 + 23	+ 33 + 28	+ 36 + 28	+ 39 + 28	+ 46 + 28	+ 55 + 28	+ 71 + 28	+ 98 + 28
über 18 bis 30	+ 32 + 28	+ 34 + 28	+ 37 + 28	+ 41 + 28	+ 49 + 28	+ 61 + 28	+ 80 + 28	+ 41 + 35	+ 44 + 35	+ 48 + 35	+ 56 + 35	+ 68 + 35	+ 87 + 35	+ 119 + 35
über 30 bis 50	+ 38 + 34	+ 41 + 34	+ 45 + 34	+ 50 + 34	+ 59 + 34	+ 73 + 34	+ 96 + 34	+ 50 + 43	+ 54 + 43	+ 59 + 43	+ 68 + 43	+ 82 + 43	+ 105 + 43	+ 143 + 43
über 50 bis 65	–	+ 49 + 41	+ 54 + 41	+ 60 + 41	+ 71 + 41	+ 87 + 41	–	+ 61 + 53	+ 66 + 53	+ 72 + 53	+ 83 + 53	+ 99 + 53	+ 127 + 53	–
über 65 bis 80	–	+ 51 + 43	+ 56 + 43	+ 62 + 43	+ 73 + 43	+ 89 + 43	–	+ 67 + 59	+ 72 + 59	+ 78 + 59	+ 89 + 59	+ 105 + 59	+ 133 + 59	–
über 80 bis 100	–	+ 61 + 51	+ 66 + 51	+ 73 + 51	+ 86 + 51	+ 105 + 51	–	+ 81 + 71	+ 86 + 71	+ 93 + 71	+ 106 + 71	+ 125 + 71	+ 158 + 71	–
über 100 bis 120	–	+ 64 + 54	+ 69 + 54	+ 76 + 54	+ 89 + 54	+ 108 + 54	–	+ 89 + 79	+ 94 + 79	+ 101 + 79	+ 114 + 79	+ 133 + 79	+ 166 + 79	–
über 120 bis 140	–	+ 75 + 63	+ 81 + 63	+ 88 + 63	+ 103 + 63	+ 126 + 63	–	+ 104 + 92	+ 110 + 92	+ 117 + 92	+ 132 + 92	+ 155 + 92	+ 192 + 92	–
über 140 bis 160	–	+ 77 + 65	+ 83 + 65	+ 90 + 65	+ 105 + 65	+ 128 + 65	–	+ 112 + 100	+ 118 + 100	+ 125 + 100	+ 140 + 100	+ 163 + 100	+ 200 + 100	–
über 160 bis 180	–	+ 80 + 68	+ 86 + 68	+ 93 + 68	+ 108 + 68	+ 131 + 68	–	+ 120 + 108	+ 126 + 108	+ 133 + 108	+ 148 + 108	+ 171 + 108	+ 208 + 108	–
über 180 bis 200	–	+ 91 + 77	+ 97 + 77	+ 106 + 77	+ 123 + 77	+ 149 + 77	–	+ 136 + 122	+ 142 + 122	+ 151 + 122	+ 168 + 122	+ 194 + 122	+ 237 + 122	–
über 200 bis 225	–	+ 94 + 80	+ 100 + 80	+ 109 + 80	+ 126 + 80	+ 152 + 80	–	+ 144 + 130	+ 150 + 130	+ 159 + 130	+ 176 + 130	+ 202 + 130	+ 245 + 130	–
über 225 bis 250	–	+ 98 + 84	+ 104 + 84	+ 113 + 84	+ 130 + 84	+ 156 + 84	–	+ 154 + 140	+ 160 + 140	+ 169 + 140	+ 186 + 140	+ 212 + 140	+ 255 + 140	–
über 250 bis 280	–	+ 110 + 94	+ 117 + 94	+ 126 + 94	+ 146 + 94	+ 175 + 94	–	+ 174 + 158	+ 181 + 158	+ 190 + 158	+ 210 + 158	+ 239 + 158	+ 288 + 158	–
über 280 bis 315	–	+ 114 + 98	+ 121 + 98	+ 130 + 98	+ 150 + 98	+ 179 + 98	–	+ 186 + 170	+ 193 + 170	+ 202 + 170	+ 222 + 170	+ 251 + 170	+ 300 + 170	–
über 315 bis 355	–	+ 126 + 108	+ 133 + 108	+ 144 + 108	+ 165 + 108	+ 197 + 108	–	+ 208 + 190	+ 215 + 190	+ 226 + 190	+ 247 + 190	+ 279 + 190	+ 330 + 190	–
über 355 bis 400	–	+ 132 + 114	+ 139 + 114	+ 150 + 114	+ 171 + 114	+ 203 + 114	–	+ 226 + 208	+ 233 + 208	+ 244 + 208	+ 265 + 208	+ 297 + 208	+ 348 + 208	–
über 400 bis 450	–	+ 146 + 126	+ 153 + 126	+ 166 + 126	+ 189 + 126	+ 223 + 126	–	+ 252 + 232	+ 259 + 232	+ 272 + 232	+ 295 + 232	+ 329 + 232	+ 387 + 232	–
über 450 bis 500	–	+ 152 + 132	+ 159 + 132	+ 172 + 132	+ 195 + 132	+ 229 + 132	–	+ 272 + 252	+ 279 + 252	+ 292 + 252	+ 315 + 252	+ 349 + 252	+ 407 + 252	–

Nennmaßbereich in mm

Abmaße in µm

Kurzzeichen	t					u						
Nennmaßbereich in mm	5	6	7	8	9	5	6	7	8	9	10	11
bis 3	–	–	–	–	–	+ 22 + 18	+ 24 + 18	+ 28 + 18	+ 32 + 18	+ 43 + 18	–	–
über 3 bis 6	–	–	–	–	–	+ 28 + 23	+ 31 + 23	+ 35 + 23	+ 41 + 23	+ 53 + 23	+ 71 + 23	–
über 6 bis 10	–	–	–	–	–	+ 34 + 28	+ 37 + 28	+ 43 + 28	+ 50 + 28	+ 64 + 28	+ 86 + 28	–
über 10 bis 14 über 14 bis 18	–	–	–	–	–	+ 41 + 33	+ 44 + 33	+ 51 + 33	+ 60 + 33	+ 76 + 33	+ 103 + 33	–
über 18 bis 24	–	–	–	–	–	+ 50 + 41	+ 54 + 41	+ 62 + 41	+ 74 + 41	+ 93 + 41	–	–
über 24 bis 30	+ 50 + 41	+ 54 + 41	+ 62 + 41	+ 74 + 41	–	+ 57 + 48	+ 61 + 48	+ 69 + 48	+ 81 + 48	+ 100 + 48	–	–
über 30 bis 40	+ 59 + 48	+ 64 + 48	+ 73 + 48	+ 87 + 48	–	+ 71 + 60	+ 76 + 60	+ 85 + 60	+ 99 + 60	+ 122 + 60	–	–
über 40 bis 50	+ 65 + 54	+ 70 + 54	+ 79 + 54	+ 93 + 54	–	+ 81 + 70	+ 86 + 70	+ 95 + 70	+ 109 + 70	+ 132 + 70	+ 170 + 70	–
über 50 bis 65	+ 79 + 66	+ 85 + 66	+ 96 + 66	+ 112 + 66	–	+ 100 + 87	+ 106 + 87	+ 117 + 87	+ 133 + 87	+ 161 + 87	+ 207 + 87	–
über 65 bis 80	+ 88 + 75	+ 94 + 75	+ 105 + 75	+ 121 + 75	–	+ 115 + 102	+ 121 + 102	+ 132 + 102	+ 148 + 102	+ 176 + 102	+ 222 + 102	–
über 80 bis 100	+ 106 + 91	+ 113 + 91	+ 126 + 91	+ 145 + 91	–	+ 139 + 124	+ 146 + 124	+ 159 + 124	+ 178 + 124	+ 211 + 124	+ 264 + 124	–
über 100 bis 120	+ 119 + 104	+ 126 + 104	+ 139 + 104	+ 158 + 104	–	+ 159 + 144	+ 166 + 144	+ 179 + 144	+ 198 + 144	+ 231 + 144	+ 284 + 144	+ 364 + 144
über 120 bis 140	+ 140 + 122	+ 147 + 122	+ 162 + 122	+ 185 + 122	–	+ 188 + 170	+ 195 + 170	+ 210 + 170	+ 233 + 170	+ 270 + 170	+ 330 + 170	+ 420 + 170
über 140 bis 160	+ 152 + 134	+ 159 + 134	+ 174 + 134	+ 197 + 134	–	+ 208 + 190	+ 215 + 190	+ 230 + 190	+ 253 + 190	+ 290 + 190	+ 350 + 190	+ 440 + 190
über 160 bis 180	+ 164 + 146	+ 171 + 146	+ 186 + 146	+ 209 + 146	–	+ 228 + 210	+ 235 + 210	+ 250 + 210	+ 273 + 210	+ 310 + 210	+ 370 + 210	+ 460 + 210
über 180 bis 200	+ 186 + 166	+ 195 + 166	+ 212 + 166	+ 238 + 166	–	+ 256 + 236	+ 265 + 236	+ 282 + 236	+ 308 + 236	+ 351 + 236	+ 421 + 236	+ 526 + 236
über 200 bis 225	+ 200 + 180	+ 209 + 180	+ 226 + 180	+ 252 + 180	+ 295 + 180	+ 278 + 258	+ 287 + 258	+ 304 + 258	+ 330 + 258	+ 373 + 258	+ 443 + 258	+ 548 + 258
über 225 bis 250	+ 216 + 196	+ 225 + 196	+ 242 + 196	+ 268 + 196	+ 311 + 196	+ 304 + 284	+ 313 + 284	+ 330 + 284	+ 356 + 284	+ 399 + 284	+ 469 + 284	+ 574 + 284
über 250 bis 280	+ 241 + 218	+ 250 + 218	+ 270 + 218	+ 299 + 218	+ 348 + 218	+ 338 + 315	+ 347 + 315	+ 367 + 315	+ 396 + 315	+ 445 + 315	+ 525 + 315	+ 635 + 315
über 280 bis 315	+ 263 + 240	+ 272 + 240	+ 292 + 240	+ 321 + 240	+ 370 + 240	+ 373 + 350	+ 382 + 350	+ 402 + 350	+ 431 + 350	+ 480 + 350	+ 560 + 350	+ 670 + 350
über 315 bis 355	+ 293 + 268	+ 304 + 268	+ 325 + 268	+ 357 + 268	+ 408 + 268	+ 415 + 390	+ 426 + 390	+ 447 + 390	+ 479 + 390	+ 530 + 390	+ 620 + 390	+ 750 + 390
über 355 bis 400	+ 319 + 294	+ 330 + 294	+ 351 + 294	+ 383 + 294	+ 434 + 294	+ 460 + 435	+ 471 + 435	+ 492 + 435	+ 524 + 435	+ 575 + 435	+ 665 + 435	+ 795 + 435
über 400 bis 450	+ 357 + 330	+ 370 + 330	+ 393 + 330	+ 427 + 330	+ 485 + 330	+ 517 + 490	+ 530 + 490	+ 553 + 490	+ 587 + 490	+ 645 + 490	+ 740 + 490	+ 890 + 490
über 450 bis 500	+ 387 + 360	+ 400 + 360	+ 423 + 360	+ 457 + 360	+ 515 + 360	+ 567 + 540	+ 580 + 540	+ 603 + 540	+ 637 + 540	+ 695 + 540	+ 790 + 540	+ 940 + 540

Abmaße in µm

Kurzzeichen	v 5	v 6	v 7	v 8	x 5	x 6	x 7	x 8	x 9	x 10	x 11	y 6	y 7
bis 3	–	–	–	–	+ 24 + 20	+ 26 + 20	+ 30 + 20	+ 34 + 20	+ 45 + 20	+ 60 + 20	–	–	–
über 3 bis 6	–	–	–	–	+ 33 + 28	+ 36 + 28	+ 40 + 28	+ 46 + 28	+ 58 + 28	+ 76 + 28	–	–	–
über 6 bis 10	–	–	–	–	+ 40 + 34	+ 43 + 34	+ 49 + 34	+ 56 + 34	+ 70 + 34	+ 92 + 34	–	–	–
über 10 bis 14	–	–	–	–	+ 48 + 40	+ 51 + 40	+ 58 + 40	+ 67 + 40	+ 83 + 40	+ 110 + 40	–	–	–
über 14 bis 18	+ 47 + 39	+ 50 + 39	+ 57 + 39	+ 66 + 39	+ 53 + 45	+ 56 + 45	+ 63 + 45	+ 72 + 45	+ 88 + 45	+ 115 + 45	–	–	–
über 18 bis 24	+ 56 + 47	+ 60 + 47	+ 68 + 47	+ 80 + 47	+ 63 + 54	+ 67 + 54	+ 75 + 54	+ 87 + 54	+ 106 + 54	+ 138 + 54	–	+ 76 + 63	+ 84 + 63
über 24 bis 30	+ 64 + 55	+ 68 + 55	+ 76 + 55	+ 88 + 55	+ 73 + 64	+ 77 + 64	+ 85 + 64	+ 97 + 64	+ 116 + 64	+ 148 + 64	–	+ 88 + 75	+ 96 + 75
über 30 bis 40	+ 79 + 68	+ 84 + 68	+ 93 + 68	+ 107 + 68	+ 91 + 80	+ 96 + 80	+ 105 + 80	+ 119 + 80	+ 142 + 80	+ 180 + 80	–	+ 110 + 94	+ 119 + 94
über 40 bis 50	+ 92 + 81	+ 97 + 81	+ 106 + 81	+ 120 + 81	+ 108 + 97	+ 113 + 97	+ 122 + 97	+ 136 + 97	+ 159 + 97	+ 197 + 97	–	+ 130 + 114	+ 139 + 114
über 50 bis 65	+ 115 + 102	+ 121 + 102	+ 132 + 102	+ 148 + 102	+ 135 + 122	+ 141 + 122	+ 152 + 122	+ 168 + 122	+ 196 + 122	+ 242 + 122	+ 312 + 122	+ 163 + 144	+ 174 + 144
über 65 bis 80	+ 133 + 120	+ 139 + 120	+ 150 + 120	+ 166 + 120	+ 159 + 146	+ 165 + 146	+ 176 + 146	+ 192 + 146	+ 220 + 146	+ 266 + 146	+ 336 + 146	+ 193 + 174	+ 204 + 174
über 80 bis 100	+ 161 + 146	+ 168 + 146	+ 181 + 146	+ 200 + 146	+ 193 + 178	+ 200 + 178	+ 213 + 178	+ 232 + 178	+ 265 + 178	+ 318 + 178	+ 398 + 178	+ 236 + 214	+ 249 + 214
über 100 bis 120	+ 187 + 172	+ 194 + 172	+ 207 + 172	+ 226 + 172	+ 225 + 210	+ 232 + 210	+ 245 + 210	+ 264 + 210	+ 297 + 210	+ 350 + 210	+ 430 + 210	+ 276 + 254	+ 289 + 254
über 120 bis 140	+ 220 + 202	+ 227 + 202	+ 242 + 202	+ 265 + 202	+ 266 + 248	+ 273 + 248	+ 288 + 248	+ 311 + 248	+ 348 + 248	+ 408 + 248	+ 498 + 248	+ 325 + 300	+ 340 + 300
über 140 bis 160	+ 246 + 228	+ 253 + 228	+ 268 + 228	+ 291 + 228	+ 298 + 280	+ 305 + 280	+ 320 + 280	+ 343 + 280	+ 380 + 280	+ 440 + 280	+ 530 + 280	+ 365 + 340	+ 380 + 340
über 160 bis 180	+ 270 + 252	+ 277 + 252	+ 292 + 252	+ 315 + 252	+ 328 + 310	+ 335 + 310	+ 350 + 310	+ 373 + 310	+ 410 + 310	+ 470 + 310	+ 560 + 310	+ 405 + 380	+ 420 + 380
über 180 bis 200	+ 304 + 284	+ 313 + 284	+ 330 + 284	+ 356 + 284	+ 370 + 350	+ 379 + 350	+ 396 + 350	+ 422 + 350	+ 465 + 350	+ 535 + 350	+ 640 + 350	+ 454 + 425	+ 471 + 425
über 200 bis 225	+ 330 + 310	+ 339 + 310	+ 356 + 310	+ 382 + 310	+ 405 + 385	+ 414 + 385	+ 431 + 385	+ 457 + 385	+ 500 + 385	+ 570 + 385	+ 675 + 385	+ 499 + 470	+ 516 + 470
über 225 bis 250	+ 360 + 340	+ 369 + 340	+ 386 + 340	+ 412 + 340	+ 445 + 425	+ 454 + 425	+ 471 + 425	+ 497 + 425	+ 540 + 425	+ 610 + 425	+ 715 + 425	+ 549 + 520	+ 566 + 520
über 250 bis 280	+ 408 + 385	+ 417 + 385	+ 437 + 385	+ 460 + 385	+ 498 + 475	+ 507 + 475	+ 527 + 475	+ 556 + 475	+ 605 + 475	+ 685 + 475	+ 795 + 475	+ 612 + 580	+ 632 + 580
über 280 bis 315	+ 448 + 425	+ 457 + 425	+ 477 + 425	+ 506 + 425	+ 548 + 525	+ 557 + 525	+ 577 + 525	+ 606 + 525	+ 655 + 525	+ 735 + 525	+ 845 + 525	+ 682 + 650	+ 702 + 650
über 315 bis 355	+ 500 + 475	+ 511 + 475	+ 532 + 475	+ 564 + 475	+ 615 + 590	+ 626 + 590	+ 647 + 590	+ 679 + 590	+ 730 + 590	+ 820 + 590	+ 950 + 590	+ 766 + 730	+ 787 + 730
über 355 bis 400	+ 555 + 530	+ 566 + 530	+ 587 + 530	+ 619 + 530	+ 685 + 660	+ 696 + 660	+ 717 + 660	+ 749 + 660	+ 800 + 660	+ 890 + 660	+ 1020 + 660	+ 856 + 820	+ 877 + 820
über 400 bis 450	+ 622 + 595	+ 635 + 595	+ 658 + 595	+ 692 + 595	+ 767 + 740	+ 780 + 740	+ 803 + 740	+ 837 + 740	+ 895 + 740	+ 990 + 740	+ 1140 + 740	+ 960 + 920	+ 983 + 920
über 450 bis 500	+ 687 + 660	+ 700 + 660	+ 723 + 660	+ 757 + 660	+ 847 + 820	+ 860 + 820	+ 883 + 820	+ 917 + 820	+ 975 + 820	+ 1070 + 820	+ 1220 + 820	+ 1040 + 1000	+ 1063 + 1000

Nennmaßbereich in mm

Abmaße in µm

Kurzzeichen (Nennmaßbereich in mm)	z 6	z 7	z 8	z 9	z 10	z 11	za 6	za 7	za 8	za 9	za 10	za 11
bis 3	+ 32 + 26	+ 36 + 26	+ 40 + 26	+ 51 + 26	+ 66 + 26	+ 86 + 26	+ 38 + 32	+ 42 + 32	+ 46 + 32	+ 57 + 32	+ 72 + 32	+ 92 + 32
über 3 bis 6	+ 43 + 35	+ 47 + 35	+ 53 + 35	+ 65 + 35	+ 83 + 35	+ 110 + 35	+ 50 + 42	+ 54 + 42	+ 60 + 42	+ 72 + 42	+ 90 + 42	+ 117 + 42
über 6 bis 10	+ 51 + 42	+ 57 + 42	+ 64 + 42	+ 78 + 42	+ 100 + 42	+ 132 + 42	+ 61 + 52	+ 67 + 52	+ 74 + 52	+ 88 + 52	+ 110 + 52	+ 142 + 52
über 10 bis 14	+ 61 + 50	+ 68 + 50	+ 77 + 50	+ 93 + 50	+ 120 + 50	+ 160 + 50	+ 75 + 64	+ 82 + 64	+ 91 + 64	+ 107 + 64	+ 134 + 64	+ 174 + 64
über 14 bis 18	+ 71 + 60	+ 78 + 60	+ 87 + 60	+ 103 + 60	+ 130 + 60	+ 170 + 60	+ 88 + 77	+ 95 + 77	+ 104 + 77	+ 120 + 77	+ 147 + 77	+ 187 + 77
über 18 bis 24	+ 86 + 73	+ 94 + 73	+ 106 + 73	+ 125 + 73	+ 157 + 73	+ 203 + 73	+ 111 + 98	+ 119 + 98	+ 131 + 98	+ 150 + 98	+ 182 + 98	+ 228 + 98
über 24 bis 30	+ 101 + 88	+ 109 + 88	+ 121 + 88	+ 140 + 88	+ 172 + 88	+ 218 + 88	+ 131 + 118	+ 139 + 118	+ 151 + 118	+ 170 + 118	+ 202 + 118	+ 248 + 118
über 30 bis 40	+ 128 + 112	+ 137 + 112	+ 151 + 112	+ 174 + 112	+ 212 + 112	+ 272 + 112	+ 164 + 148	+ 173 + 148	+ 187 + 148	+ 210 + 148	+ 248 + 148	+ 308 + 148
über 40 bis 50	+ 152 + 136	+ 161 + 136	+ 175 + 136	+ 198 + 136	+ 236 + 136	+ 296 + 136	+ 196 + 180	+ 205 + 180	+ 219 + 180	+ 242 + 180	+ 280 + 180	+ 340 + 180
über 50 bis 65	+ 191 + 172	+ 202 + 172	+ 218 + 172	+ 246 + 172	+ 292 + 172	+ 362 + 172	+ 245 + 226	+ 256 + 226	+ 272 + 226	+ 300 + 226	+ 346 + 226	+ 416 + 226
über 65 bis 80	+ 229 + 210	+ 240 + 210	+ 256 + 210	+ 284 + 210	+ 330 + 210	+ 400 + 210	+ 293 + 274	+ 304 + 274	+ 320 + 274	+ 348 + 274	+ 394 + 274	+ 464 + 274
über 80 bis 100	+ 280 + 258	+ 293 + 258	+ 312 + 258	+ 345 + 258	+ 398 + 258	+ 478 + 258	+ 357 + 335	+ 370 + 335	+ 389 + 335	+ 422 + 335	+ 475 + 335	+ 555 + 335
über 100 bis 120	+ 332 + 310	+ 345 + 310	+ 364 + 310	+ 397 + 310	+ 450 + 310	+ 530 + 310	+ 422 + 400	+ 435 + 400	+ 454 + 400	+ 487 + 400	+ 540 + 400	+ 620 + 400
über 120 bis 140	+ 390 + 365	+ 405 + 365	+ 428 + 365	+ 465 + 365	+ 525 + 365	+ 615 + 365	+ 495 + 470	+ 510 + 470	+ 533 + 470	+ 570 + 470	+ 630 + 470	+ 720 + 470
über 140 bis 160	+ 440 + 415	+ 455 + 415	+ 478 + 415	+ 515 + 415	+ 575 + 415	+ 665 + 415	+ 560 + 535	+ 575 + 535	+ 598 + 535	+ 635 + 535	+ 695 + 535	+ 785 + 535
über 160 bis 180	+ 490 + 465	+ 505 + 465	+ 528 + 465	+ 565 + 465	+ 625 + 465	+ 715 + 465	+ 625 + 600	+ 640 + 600	+ 663 + 600	+ 700 + 600	+ 760 + 600	+ 850 + 600
über 180 bis 200	+ 549 + 520	+ 566 + 520	+ 592 + 520	+ 635 + 520	+ 705 + 520	+ 810 + 520	+ 699 + 670	+ 716 + 670	+ 742 + 670	+ 785 + 670	+ 855 + 670	+ 960 + 670
über 200 bis 225	+ 604 + 575	+ 621 + 575	+ 647 + 575	+ 690 + 575	+ 760 + 575	+ 865 + 575	+ 769 + 740	+ 786 + 740	+ 812 + 740	+ 855 + 740	+ 925 + 740	+ 1030 + 740
über 225 bis 250	+ 669 + 640	+ 686 + 640	+ 712 + 640	+ 755 + 640	+ 825 + 640	+ 930 + 640	+ 849 + 820	+ 866 + 820	+ 892 + 820	+ 935 + 820	+ 1005 + 820	+ 1110 + 820
über 250 bis 280	+ 742 + 710	+ 762 + 710	+ 791 + 710	+ 840 + 710	+ 920 + 710	+ 1030 + 710	+ 952 + 920	+ 972 + 920	+ 1001 + 920	+ 1050 + 920	+ 1130 + 920	+ 1240 + 920
über 280 bis 315	+ 822 + 790	+ 842 + 790	+ 871 + 790	+ 920 + 790	+ 1000 + 790	+ 1110 + 790	+ 1032 + 1000	+ 1052 + 1000	+ 1081 + 1000	+ 1130 + 1000	+ 1210 + 1000	+ 1320 + 1000
über 315 bis 355	+ 936 + 900	+ 957 + 900	+ 989 + 900	+ 1040 + 900	+ 1130 + 900	+ 1260 + 900	+ 1186 + 1150	+ 1207 + 1150	+ 1239 + 1150	+ 1290 + 1150	+ 1380 + 1150	+ 1510 + 1150
über 355 bis 400	+ 1036 + 1000	+ 1057 + 1000	+ 1089 + 1000	+ 1140 + 1000	+ 1230 + 1000	+ 1360 + 1000	+ 1336 + 1300	+ 1357 + 1300	+ 1389 + 1300	+ 1440 + 1300	+ 1530 + 1300	+ 1660 + 1300
über 400 bis 450	+ 1140 + 1100	+ 1163 + 1100	+ 1197 + 1100	+ 1255 + 1100	+ 1350 + 1100	+ 1500 + 1100	+ 1490 + 1450	+ 1513 + 1450	+ 1547 + 1450	+ 1605 + 1450	+ 1700 + 1450	+ 1850 + 1450
über 450 bis 500	+ 1290 + 1250	+ 1313 + 1250	+ 1347 + 1250	+ 1405 + 1250	+ 1500 + 1250	+ 1650 + 1250	+ 1640 + 1600	+ 1663 + 1600	+ 1697 + 1600	+ 1755 + 1600	+ 1850 + 1600	+ 2000 + 1600

Abmaße in µm

Kurzzeichen	zb					zc				
Nennmaßbereich in mm	7	8	9	10	11	7	8	9	10	11
bis 3	+ 50 + 40	+ 54 + 40	+ 65 + 40	+ 80 + 40	+ 100 + 40	+ 70 + 60	+ 74 + 60	+ 85 + 60	+ 100 + 60	+ 120 + 60
über 3 bis 6	+ 62 + 50	+ 68 + 50	+ 80 + 50	+ 98 + 50	+ 125 + 50	+ 92 + 80	+ 98 + 80	+ 110 + 80	+ 128 + 80	+ 155 + 80
über 6 bis 10	+ 82 + 67	+ 89 + 67	+ 103 + 67	+ 125 + 67	+ 157 + 67	+ 112 + 97	+ 119 + 97	+ 133 + 97	+ 155 + 97	+ 187 + 97
über 10 bis 14	+ 108 + 90	+ 117 + 90	+ 133 + 90	+ 160 + 90	+ 200 + 90	+ 148 + 130	+ 157 + 130	+ 173 + 130	+ 200 + 130	+ 240 + 130
über 14 bis 18	+ 126 + 108	+ 135 + 108	+ 151 + 108	+ 178 + 108	+ 218 + 108	+ 168 + 150	+ 177 + 150	+ 193 + 150	+ 220 + 150	+ 260 + 150
über 18 bis 24	+ 157 + 136	+ 169 + 136	+ 188 + 136	+ 220 + 136	+ 266 + 136	+ 209 + 188	+ 221 + 188	+ 240 + 188	+ 272 + 188	+ 318 + 188
über 24 bis 30	+ 181 + 160	+ 193 + 160	+ 212 + 160	+ 244 + 160	+ 290 + 160	+ 239 + 218	+ 251 + 218	+ 270 + 218	+ 302 + 218	+ 348 + 218
über 30 bis 40	+ 225 + 200	+ 239 + 200	+ 262 + 200	+ 300 + 200	+ 360 + 200	+ 299 + 274	+ 313 + 274	+ 336 + 274	+ 374 + 274	+ 434 + 274
über 40 bis 50	+ 267 + 242	+ 281 + 242	+ 304 + 242	+ 342 + 242	+ 402 + 242	+ 350 + 325	+ 364 + 325	+ 387 + 325	+ 425 + 325	+ 485 + 325
über 50 bis 65	+ 330 + 300	+ 346 + 300	+ 374 + 300	+ 420 + 300	+ 490 + 300	+ 435 + 405	+ 451 + 405	+ 479 + 405	+ 525 + 405	+ 595 + 405
über 65 bis 80	+ 390 + 360	+ 406 + 360	+ 434 + 360	+ 480 + 360	+ 550 + 360	+ 510 + 480	+ 526 + 480	+ 554 + 480	+ 600 + 480	+ 670 + 480
über 80 bis 100	+ 480 + 445	+ 499 + 445	+ 532 + 445	+ 585 + 445	+ 665 + 445	+ 620 + 585	+ 639 + 585	+ 672 + 585	+ 725 + 585	+ 805 + 585
über 100 bis 120	+ 560 + 525	+ 579 + 525	+ 612 + 525	+ 665 + 525	+ 745 + 525	+ 725 + 690	+ 744 + 690	+ 777 + 690	+ 830 + 690	+ 910 + 690
über 120 bis 140	+ 660 + 620	+ 683 + 620	+ 720 + 620	+ 780 + 620	+ 870 + 620	+ 840 + 800	+ 863 + 800	+ 900 + 800	+ 960 + 800	+ 1050 + 800
über 140 bis 160	+ 740 + 700	+ 763 + 700	+ 800 + 700	+ 860 + 700	+ 950 + 700	+ 940 + 900	+ 963 + 900	+ 1000 + 900	+ 1060 + 900	+ 1150 + 900
über 160 bis 180	+ 820 + 780	+ 843 + 780	+ 880 + 780	+ 940 + 780	+ 1030 + 780	+ 1040 + 1000	+ 1063 + 1000	+ 1100 + 1000	+ 1160 + 1000	+ 1250 + 1000
über 180 bis 200	+ 926 + 880	+ 952 + 880	+ 995 + 880	+ 1065 + 880	+ 1170 + 880	+ 1196 + 1150	+ 1222 + 1150	+ 1265 + 1150	+ 1335 + 1150	+ 1440 + 1150
über 200 bis 225	+ 1006 + 960	+ 1032 + 960	+ 1075 + 960	+ 1145 + 960	+ 1250 + 960	+ 1296 + 1250	+ 1322 + 1250	+ 1365 + 1250	+ 1435 + 1250	+ 1540 + 1250
über 225 bis 250	+ 1096 + 1050	+ 1122 + 1050	+ 1165 + 1050	+ 1235 + 1050	+ 1340 + 1050	+ 1396 + 1350	+ 1422 + 1350	+ 1465 + 1350	+ 1535 + 1350	+ 1640 + 1350
über 250 bis 280	+ 1252 + 1200	+ 1281 + 1200	+ 1330 + 1200	+ 1410 + 1200	+ 1520 + 1200	+ 1602 + 1550	+ 1631 + 1550	+ 1680 + 1550	+ 1760 + 1550	+ 1870 + 1550
über 280 bis 315	+ 1352 + 1300	+ 1381 + 1300	+ 1430 + 1300	+ 1510 + 1300	+ 1620 + 1300	+ 1752 + 1700	+ 1781 + 1700	+ 1830 + 1700	+ 1910 + 1700	+ 2020 + 1700
über 315 bis 355	+ 1557 + 1500	+ 1589 + 1500	+ 1640 + 1500	+ 1730 + 1500	+ 1860 + 1500	+ 1957 + 1900	+ 1989 + 1900	+ 2040 + 1900	+ 2130 + 1900	+ 2260 + 1900
über 355 bis 400	+ 1707 + 1650	+ 1739 + 1650	+ 1790 + 1650	+ 1880 + 1650	+ 2010 + 1650	+ 2157 + 2100	+ 2189 + 2100	+ 2240 + 2100	+ 2330 + 2100	+ 2460 + 2100
über 400 bis 450	+ 1913 + 1850	+ 1947 + 1850	+ 2005 + 1850	+ 2100 + 1850	+ 2250 + 1850	+ 2463 + 2400	+ 2497 + 2400	+ 2555 + 2400	+ 2650 + 2400	+ 2800 + 2400
über 450 bis 500	+ 2163 + 2100	+ 2197 + 2100	+ 2255 + 2100	+ 2350 + 2100	+ 2500 + 2100	+ 2663 + 2600	+ 2697 + 2600	+ 2755 + 2600	+ 2850 + 2600	+ 3000 + 2600